時光封塵 ・ 哈瓦那

Havana

王文彥 ————————— 著

原點

自序

自藍色大海中起身

　　在還沒有意識會走向攝影之路前，我曾經夢想成為一位小號演奏家。雖然在進入高中樂隊開始接觸小號前，我沒受過任何音樂訓練，但是憑著熱情與投入的心力，倒也能自娛娛人一番。大學時期，喜歡看電影加上吹小號的緣故，所以對於任何與音樂相關的電影，幾乎都不會放過。於是我看到了《樂士浮生錄》，這部讓我對古巴老樂手的音樂靈魂感動不已的紀錄片；當然也看了《情別哈瓦那》，講述古巴小號大師阿圖洛‧山多瓦（Arturo Sandoval）因緣際會遇到另一名傳奇爵士小號大師迪吉‧葛拉斯彼（Dizzy Gillespie），最後為了音樂叛逃祖國的真實故事；接下來更陸續看了多部與騷莎（Salsa）相關的電影，才知道原來除了音樂外，舞蹈也存在古巴人的血液當中。經過這些電影的洗禮後，這個從小聽到大的古巴，不再只是一個棒球強盛、人民只想叛逃的共產國家，而是一個音樂文化、民情色彩都非常鮮明的夢幻國度。此後，每當有人問我最想去哪一個國家旅行時，我總是不假思索地回答：「古巴」。

　　退伍後，累積的積蓄還不足以去古巴，改去了趟澳洲打工度假，出發時還不忘將小號帶著，讓我在工作之餘，能參加當地的銅管樂團。離開澳洲前，最後一場 13500 公里的公路旅行，天天與車子獨自相伴，讓我徹底領略旅行的孤獨，以及生活可以多麼簡單。雖然最後那趟旅程花光我在澳洲所攢的積蓄，但我帶了勇氣回到臺灣，開始投入攝影工作。

　　「你都是拍些什麼呢？」

至今從事攝影工作已經快六個年頭，但每當有人問起這個問題時，我仍然不曉得該如何簡單回答。

　　「就拍跟人有關的照片吧。」

　　這是我最常回應的方式，縱使對方可能想問得更清楚，但我總覺得過多解釋，也就限縮了我的答案。

　　從小，我就對生命與自我意識有著極大疑問。大約只是幼稚園年紀，成天納悶為何「我」會存在，為何「我」是「我」而不是「他」？會不會這世界的一切都是假的，只有我是真的。雖然我沒有因為自小就懷抱這種問題，而朝向哲學家之路前進，但是這些長久以來的疑問，倒是影響了我鏡頭關注的角度。那些壯麗山水我總是過目即忘，真正會印在腦海裡的，是人與人的生活故事。我想我是藉由不斷地觀照他人，慢慢拼湊出生命的樣貌；從別人的生命故事來解答我自小的疑問。隨著工作忙碌，小號已經漸漸被我擱置在角落生灰塵，但是古巴卻依然縈繞心裡，三不五時占據我的思想。「在那裡，走在街上到處都碰得上故事吧！」我總是想像那裡的景色，如此地告訴自己。

　　某日，一位朋友把客委會的「築夢計畫」訊息傳給我，他是當年的入選者之一，他說如果我有任何旅行夢想就去投這個計畫試試看吧。我並不像他是位客語創作歌手，如果說我的人生唯一稱得上與客家有淵源的，大概就只

是曾交過一位不會講母語的客家女友。但在這位朋友鼓勵下，我還是動筆開始寫計畫書。既然這是一個築夢計畫，那麼我也就當作一個夢想來寫：古巴當然是首選，花一個月在古巴走完一圈後，接下來就飛到秘魯看看印加遺蹟吧。秘魯旁邊的玻利維亞是個很陌生的國家，陌生就已經是去那裡的最好理由。在玻利維亞會一直往南走，那就繼續走到接鄰的阿根廷西北高原，然後再跨過安地斯山脈到鄰國智利，最後既然都走到智利了，那麼何妨再走遠一點到南部的冰川呢。於是這樣一趟從北緯 23 度一直到南緯 53 度，不曉得可不可行的夢想旅行計畫就此完成。雖然這計畫在面試審查時，遭到不少評審質疑，但最後卻是意外地入選。得知入選結果後，雖然興奮卻內心有些心虛，似乎自己拿走屬於客家人的資源。直到後來我才知道客委會的想法不若我以為的狹隘，他們並不是只支持客家人，而是投資所有臺灣年輕人的夢想，但那也是我在回國後才知道的事了。

獲知入選結果後，我並沒有立刻開始準備這趟前後共 82 天的旅程，因為那時還在拍攝自己的蘭嶼專題。臺北－蘭嶼兩地不停地移動，大部份時間都在大海裡捕捉達悟人的身影，一直到出發的前一刻，我仍不捨得從海裡上岸。出發時，我沒有任何詳細旅行計畫，只帶了兩本《Lonely Planet》。而西語課程，我總是上了第一堂課後，就又必須動身前往蘭嶼，以至於半年多來連初級一的課程都上不完。帶著有些忐忑的心情，這次背包內不再塞入小號，而是帶著沉甸甸，對我而言重要性不亞於護照的相機出發。

「去古巴你一定會拍到很多人文照片。」這是一位足跡踏過中南美大半土地的攝影師前輩，在出發前告訴我的。這句話當時聽了有些困惑，所謂「人文感」的照片到底是什麼？在我看來大多數的人文照片都只是一種外來者對於當地人的幻想投射，甚至是獵奇式的剝奪。或許是因為當時正在蘭嶼拍攝專題，在那裡我著實花了許多時間才進入達悟人的生活中，也了解他們對於外地人恣意的鏡頭獵取有多麼地厭惡。但當我到了哈瓦那後，立刻感受到古巴人對於外來者反倒是誇張的熱情，他們喜歡被拍攝（但可能需要付出些代價），也不吝於與你分享他的故事，只要你願意聆聽。因此除了著名的街景、老爺車之外，每個人都可以書寫出屬於自己的古巴影像，這才是讓許多攝影師對於古巴著迷不已的原因吧。

　　82 天後，帶著疲憊的身心回到臺灣，回首這一路的旅程：超乎想像的古巴、令人讚嘆的秘魯印加遺跡、玻利維亞的高原絕景、阿根廷冰川之旅以及令人哭笑不得的智利背包失竊記等，這段旅程大大地滿足了我對這世界的好奇。其實，我不愛流浪，深知外面世界再怎麼美麗動人，也沒有家鄉溫暖可愛，而且我要追尋的故事其實一直長在這塊土地上。但我也知道我那對世界的好奇心只是被暫時滿足了，有一天我會再整裝出發，或許下次連相機都不願多帶，只帶著筆記本與筆，讓自己更輕鬆地投入這世界，繼續追尋我那生命的疑問。

目次

CUBA

VENEZUELA
GUYANA
SURINAME
FRENCH GUIANA

COLOMBIA

ECUADOR

PERU

BRASIL

秘魯　利馬 Lima
　　　 Nazca
　　　 Cuzco
　　　 Ollantaytambo
　　　 Machu Picchu
　　　 Puno
玻利
維雅　Copacabana
　　　 La Paz
　　　 Rurrenabaque

BOLIVIA　　PARAGUAY

Uyuni　　　玻利
　　　　　維雅
La Quiaca　阿根廷
Iruya
Purmamarca
Salinas Grandes
Salta
Cachi

Cafayate　阿根廷

Mendoza
Santiago　智利
Valparaíso

CHILE

ARGENTINA　URUGUAY

智利　Puerto Varas
　　　Puerto Montt

阿根廷　El Chaltén
　　　　El Calafate
智利　　Puerto Natales
　　　　Punta Arenas

哈瓦那 La Habana
Cienfuegos
Trinidad
Camagüey
Holguin
Bayamo
Santiago
Baracoa
CUBA
Nueva Gerona
Hotel Colony

帶著相機去旅行

　　長達 82 天的旅行，攝影器材該怎麼準備著實讓我思考許久。畫質與器材重量，常常是兩難。最後我決定帶一台單眼機配兩顆變焦鏡（16-50/2.8 與 70-200/2.8）與一台小型無反光鏡相機配兩顆定焦鏡頭（19/2.8 與 40/2.0），加上一台備用機身，一共三機四鏡再加一支輕型腳架，可以滿足絕大多數拍攝狀況，重量也能接受。南美洲治安不佳，在城市行動我多半是帶小相機出門，拍完後就迅速放入包內，既低調不引人注目，機動性也高。最後帶回國的照片中，單眼相機與無反光鏡相機的拍攝比例為 5:3，而鏡頭 16-50/2.8 與 70-200/2.8 的照片比例為 4:1。

＊地圖皆以西班牙文標示。

塵封於時光中
的哈瓦那

　　經過了 30 小時，終於踏上這加勒比海上的古巴。飛機在跑道上滑行，尋找自己的位置，我也透過窗戶不停掃視著，開始捕捉這夢想國度的第一印象。這座以古巴獨立戰爭領袖何塞·馬蒂（José Martí）為命名的古巴國際機場，從機場上寥寥可數的飛機與簡陋的建築設施來看，似乎顯示了古巴與國際的連結並不密切。畢竟一般古巴人民鮮少能有機會出國，機場所服務的多是外來旅客。走向入境海關，海關人員均一的卡其色制服透露著極權專制的味道，但讓我無法不注目的是每位女性海關人員的窄裙下，卻是各式花樣的黑色網襪，讓這嚴肅的空間中帶上一層曖昧的性感氛圍。

　　背包在過 X 光檢查時，出現些狀況。海關人員指著我的背包，問我會不會說西班牙文。「No. English?」我說。但他吐了句「Camera...」之後就支支嗚嗚地講不下去，於是他去尋找會說英文的同事，我則由另一位海關人員帶到一旁等待。看來是我背包內的相機引起注意，只是還不清楚是什麼緣由。我見那海關人員四處奔走，卻一直找不到人，或許在古巴的主要機場要找到一位會說英文的人並不容易。過好一會後，終於帶來一位會講英文的男士。這位男士問我一些問題：帶了幾台相機？是攝影師嗎？來工作的嗎？在古巴要待幾天？旅行路線？並不時就我的回答與旁邊的同事討論，最後就說我可以離開了。雖然感覺有些莫名其妙，但可以順利入境，沒有索錢賄絡，自然是拎起背包就趕緊離開。

　　來到外頭，沒有在門口搭乘到要價 25CUC（1CUC=1USD）的計程車，而是穿越停車場直接走到機場外的馬路上。果不其然，一會就有輛計程車向我鳴著喇叭示意然後停在路旁。已經搭載一位乘客的司機，向我開價

15CUC，比起剛才的價錢立刻省了約 300 台幣，對於自己的小聰明，心裡不禁有些得意。

　　八月的古巴正值夏天，隨著計程車往哈瓦那（英文 Havana，西文 la Habana）前進，蒼藍的天空下開始出現越來越多老爺車，陽光灑落在老舊的街道上，路上行人笑顏燦爛，心想我終於來到這內心一直嚮往的國度。其實我對於古巴的認識非常淺薄，大多數的臺灣人對古巴的印象只有：棒球、雪茄與共產國家，而我也只多知道還有音樂這一項。多年前看了德國導演溫德斯的紀錄片《樂士浮生錄》以及自己十分喜愛的古巴爵士小號手阿圖洛山多瓦 (Auturo Sandoval) 的傳記電影《情別哈瓦那》後，自此對於古巴的音樂文化非常嚮往，內心一直想著有朝一日必定要到古巴親身感受。但實際上會在這裡遇到些什麼，我是一片空白的。

　　計程車載我到位於哈瓦那中央區的旅館，離列入世界文化遺產的舊城區只有幾條街的距離。還不曉得舊城區的實際模樣，但這個中央區也全是老舊

建築。各式老爺車穿梭街道，炙熱的陽光也在路上揮舞著，「一切就有如電影場景」即使這個形容略嫌老套與俗濫，但我也想不出更好的形容詞。

　　獨自旅行的亞洲人走在街上很容易受到注目，在旅館放下行李，才甫踏上街頭，路旁立刻就跑出一位男子來跟我搭訕。

　　「Japón? Corea? Chino?」
　　「Taiwán」我說。
　　「Hawai~」他眼睛發亮地說
　　「No. No. Tai-wán」我刻意把發音分開來唸。
　　「Oh~ Tai-wán!」他學著我唸一次。

　　看來他是真的懂了，因為他這次是邊唸邊作出棒球揮棒的動作。他問我要不要買雪茄，他那有便宜品質又好的雪茄。我以不抽菸為由拒絕後，他又接著問那我要找女人 (Chica) 嗎？「Pretty & hot Chica!」他用誇張的手勢強調。雖然一開始我不懂 Chica 這個單字的意思，但是他的肢體動作立刻讓我了然於心，沒想到我到古巴第一個學到的西班牙文單字竟然是「Chica」，不

禁覺得好笑。我秀出手錶時間，跟他說現在才下午三點，找女人還太早了。他聽了也笑著說：「It's no problem!」，但知道我沒興趣，他便與我握手道別。之後在哈瓦那的街上一直遇到這樣的人前來搭訕，模式也大多雷同。先問國籍，總是把臺灣聽成夏威夷，接著兜售雪茄或推薦餐廳還有女人。

　　在哈瓦那的四天三夜，每天的行程就是走路與繼續走路，我可以在舊城區走上一整天都不疲倦。除了熱鬧的街區，我更愛往人煙稀少處走，除了可以減少煩人的搭訕兜售外，更容易發現驚喜。不同時刻的哈瓦那有不同的風貌：在清晨光線籠罩下的舊城區，老舊的街廓漫著金色哈瓦那情調；午後的大雨，淋得街上人們既狼狽又暢快；黃昏的哈瓦那讓你微醺，而入夜後的街道，更是充滿神秘魅力，讓你在曖昧不明的黑暗中恣意遊走探險。古巴也曾經有過輝煌的歲月，但在 1959 年革命成功後，美古兩國關係漸趨惡化，而1962 年美國開始對古巴實施全面禁運。自此哈瓦那就像是停滯在時光中，當年的美國車也就這樣在街上繼續跑了半個多世紀。但隨著觀光發展越加蓬勃與美古關係逐漸改善，這一個被時光凍結的哈瓦那也像從漫長冬日裡甦醒，正在努力改頭換面中。

Amigo! Amigo!

相較於熱鬧的舊城區中央地帶，南區這裡明顯少了觀光的喧囂，也不見四處站崗的警察，街道間流洩著更為老舊樸實的氛圍。一位古巴人看見我出現在此地，便詢問我是否迷路了？因為他鮮少看到觀光客在這一帶出現。他露出無害的笑容邀請我到他家參觀。雖然我心裡覺得不該輕率的答應一位陌生人的邀約，但身體已經早於理性作出回覆，提起雙腳，跟隨他走入黑暗的樓梯。或許是在令人情迷的哈瓦那，我想醉得更深一些。

穿過頹圮的庭院，我們來到他位於二樓的家。一進門，映入眼簾的是一組顯眼的紅色沙發。坐在門旁笑呵呵的是他母親、在灶爐前切菜的是他太太，他一一地把我介紹給他的家人。這位古巴人叫 Agustino，是位非洲鼓樂手，曾在大學任教過。由於自己也學過樂器，對他因此感到更為親切。當我與他聊起《樂士浮生錄》，他說電影海報是在 Santiago 拍的，那裡是他的故鄉，照片上的背景街道他一看就知道在哪。不過他接著說，年輕人早就不聽那些音樂了，現在都是演奏給想感受古巴風情的觀光客聽的，像他自己就很喜歡雷鬼音樂。我藉著手機撥放一首國內有名的流行歌曲給他聽，但是他似乎聽得一臉茫然，詢問這首歌的節奏如何隨之起舞？我說在臺灣音樂都是單純聆聽，而不跳舞的。他似乎無法接受不能跳舞的音樂，沒一會兒就將耳機塞還給我。

Agustino 把他家從裡到外介紹一遍，熱情地邀我留下與他們一起用餐。晚餐是古巴家庭常見的白飯配炸香蕉與雞腿，雖然菜色簡單但也風味頗佳。看我吃的習慣，Agustino 便提議我明晚一樣到他家吃飯，這比我在外面吃飯省錢多了。心想的確是個不錯的主意，便答應了他。他跟我要明晚的菜錢，

5CUC 他嫌不夠，向我要了 10CUC。「我在外頭餐廳吃飯也不需要這麼多錢吧？」我只在心裡咕噥著，最後還是拿給他。

用完晚餐後，Agustino 說他與太太要去參加這幾天在哈瓦那舉行的狂歡節（Carnaval），這類的狂歡節各城市都會有，只是選在不同時間舉行。最大的反而不是哈瓦那，而是在古巴第二大城的 Santiago de Cuba。Agustion 說在狂歡節中，人們不但跳舞狂歡一整晚，現場還有免費供應的 mojito。我雖然不跳舞，但是他所描述的場景很吸引我。回去民宿簡單梳洗一番，再前往 Agustino 的家會合。夜晚的哈瓦那街道大多數是漆黑的，只有少許街燈吐出微弱的黃光，昏暗不明的街道，使人不易辨別方向。經過一處小公園，一位女子跳出來叫喚我的名字。定眼一看，原來是早上遇到的一位自稱教 Salsa（騷莎舞）的女子。以為她又是來問我要不要學 Salsa 的，我向她直搖手說我要去找 Amigo（朋友），但她直接嘴巴湊到我的耳旁，說了「fuki-fuki?」之類的西班牙話。我不確定那些單字的意思，但從她的眼神與動作大概猜得出來是問我要不要與她上床。白天的 Salsa 老師，到了晚上變成問我要不要買春的女子，哈瓦那實在超乎我想像。笑著拒絕她後，趕緊加快腳步，因為我已經快遲到了。

夫婦倆為了今夜的 party 都做了盛裝打扮，倒是我一身窮酸背包客模樣，自己都有些不好意思。我們一同出發，才出門沒多久，Agustino 就在路旁商店買了啤酒，並且理所當然地叫我付帳，這已經是他今天二次這樣做，我開始對這人感到不舒服。從舊城區南端走到北邊沿海的 Malécon 街道是一大段路程，Agustino 提了幾次攔計程車的想法，我總以喜歡走路為由回絕他。這的確是事實，但另一個原因是我不想替他們付計程車費。我們之間的氣氛十分低迷，只有街上竄過的汽車聲填補著寂靜，而他那不會說英語的老婆，從頭到尾就只是扮演喝啤酒的角色。

在走上許久後，人潮終於出現，我們總算可以擺脫這股尷尬氣氛，走入喧囂的空間中。狂歡節有許多大型演出，但是必須有票才能進去觀看，而這

些票早已售完，所以我們就無目的的跟著人群走。一直沒發現 Agustino 所說的免費 mojito，倒是他又向我要錢買啤酒喝。這時候我才明瞭，所謂免費的 mojito，對於 Agustino 夫妻而言，是因為他們帶了我這個行動錢包出門，自然都不用付酒錢。我下定決心要跟他們分道揚鑣，以「身體累了」為由，跟他們道別。但 Agustino 聽了十分意外，問我一切都還好嗎，挽留我不成後，不料他竟然跟我要待會他們回程的計程車費。我以沒錢拒絕，他就掏出兩只空空的口袋說，他沒帶錢出門，而我這邊還有剛才買啤酒找剩的 2CUC 可以給他們。我當下只對這個人感到作噁，說什麼也不願再給他錢。「See you tomorrow.」。他如此說著，但我心中懷疑，我明天還會去他家吃晚餐嗎？

擺脫 Agustino 夫婦，一個人繼續在現場隨意遊蕩。才一會兒，一對帶著小孩的古巴情侶主動搭訕。想再次做個實驗，反正身上也只剩 2CUC，便與他們一起行動。我問了那男生「fuki-fuki」的確切意思，這是這幾天在哈瓦那街頭，除了「Chica」以外，最常聽到的單字。雖然我大概知道這詞應

該是指性交，但還是想確定自己沒會錯意。那男生沒有回答我的問題，反而教了我另一個「Singar」這個意指多少錢的單字。「看到喜歡的女孩，就湊到她的耳旁說這個字就對了。」他斬釘絕鐵的如此強調。最後，想當然爾，口袋內剩下的 2CUC 也都被他們拿去買酒花掉。

離開情侶檔，在海邊又被一群年輕人叫住。與我對談的帥氣黑人詢問我今晚有沒有什麼計劃，要不要將旁邊那位人比花嬌的白人女孩帶回去。那女孩坐到我身旁，柔軟的胸脯靠上我的手臂，我刻意不閃躲，也想知道自己會有什麼感覺。女孩名叫 Rita，一句英文也不會說，她從頭到尾都用身體與眼神向我傳遞那唯一的訊息「帶她回家」。只有在警察經過時，她會迅速鬆開雙手與我保持距離。我當然沒有向她驗證「Singar」這個單字的功用，以免更難脫身，倒是跟年輕黑人聊上不少。最後與他們告別，在深夜中獨自漫步回去。慶典的熱度在離開會場後迅速散去，城市散發著寂寥的氣息，口袋空空的旅人竟開始懷念起剛才女孩的體溫。

La Habana

整座城市都是
我的紅燈區

　　昨夜的那位女孩 Rita，今天又在舊城街區遇上了。是她先發現我的，也不知尾隨多久，沒有直接靠近我，而是隔著一段距離不停發出噓聲要我跟她走，大概是不想被附近的警察發現吧。她走到一旁小公園的椅子上，向我使著眼色，反正大庭廣眾下不怕她吃了我，也就走過去。待我一坐下，她立刻依偎過來，勾著我的手。我們兩人語言不通，她乾脆找附近一位略懂英文的黑人來協助翻譯。雖然這位黑人的英文說得彆七扭八，但不需要他的翻譯我也知道 Rita 的意圖是什麼。

　　性交易在古巴是違法的，而 Rita 與那位黑人並不認識，但是從她大方的請黑人來幫忙翻譯，以及黑人一付稀鬆平常的反應來看，這個城市是笑貧不笑娼。想起兩天前，在路上被一位叫「拉奇」的人纏上，他就像大部分自動攀上遊客的古巴人一樣，只是想要些錢。他主動拉起上衣，給我看他側腹的自由女神像刺青，接著又秀出背上的「Freedom has no price」字樣，要我拍照。當然不免俗的，最後就是跟我要錢以及問我要不要找女人。或許在這裡自由無價，花再多錢也買不到，但是身體有價，只要你願意掏出錢，那麼整座城市都可以是你的紅燈區。

　　本以為我不會想再看到 Agustino，經過昨晚的相處，我對這人只剩下厭惡。但也許是好奇心或不死心作祟，晚餐時間一到，還是往他家走去。他的老婆正在灶爐前準備晚餐，我的出現讓她神情有些驚訝。瞧她鍋爐內的食物，不像在準備豐盛料理，心裡已經大概有底。卻還是將帶來的啤酒交給她，她露出笑容，一種我覺得有些心虛的笑容。倒是 Agustino 從房內走出來時一派輕鬆自然，先是問我昨晚玩得開心嗎，接著，他眉宇一緊跟我說，現在有個問題，

他家裡的油米調味料沒了。昨晚因為我捨棄他們先離開，最後他老婆累得雙腳走不動，只能搭計程車回家。我給他的 10CUC 已經花了 7CUC 在車資上，所以他需要我再給他 5CUC，好讓他去添購待會需要的食材。我笑了，不管是在臉上或是在心裡。「我是來跟你説，今晚我與朋友另外有約，不在你家吃飯了。」説完，我起身告別。離去前，他寫下一位朋友的連絡資訊給我，那是他在家鄉 Santiago 的好朋友，等我到那裡時可以去找他。我雖收下，但心裡也冒出疑問：他會不會是另一位 Agustino 呢？

雖然 10CUC 是拋入水裡了，但是一踏出 Agustino 家心情卻是無比暢快。一路往北走回，在路上跟小販買了漢堡，不用 1CUC 就解決晚餐。繼續往 Wilfredo 家走去。

還沒提過 Wilfredo 這人吧，他是位三輪車司機（Bici Taxi）。來到哈瓦那的第二天，他向我兜售他的行程：以三輪車載我遊覽舊城區，並且介紹沿途景點，大約四小時的行程，費用是 10CUC。他會説英語而且長得像電影《變形金剛》裡，那位飾演第七區探員的 John Turturro，因此我上了車。Wilfredo 來自古巴東部的 Manzanillo，但是他在哈瓦那生活多年，對這裡瞭若指掌，不僅向我介紹舊城區，還幫我找到往後兩天的住宿，甚至還帶我坐船到運河對岸的 Cabana 城堡看表演，幫我付了公車費。這些服務遠超出原本説的幾小時舊城區行程。當我跟他告別時已經是晚上九點多。我問他該

為這些額外的服務付費多少呢？他卻表示：今天一開始就談好遊覽費用是 10CUC，因此我只要給一樣金額即可。我拿出 15CUC 給他，而我們的關係也不再只是萍水相逢的兩人。

明天我就要暫別哈瓦那，今晚 Wilfredo 要幫我餞行。走到他家樓下，我直接朝三樓陽台大喊，這裡可沒有門鈴這種東西。一位瞧不出面容的黑色人影探出頭來，接著 Wilfredo 下樓替我開門。踏在沒有照明的漆黑樓梯中，濃重的陳腐味讓我必須掩住口鼻，還得隨時注意避免踩到地上的排泄物、用棄的保險套。此外，缺水停電也是家常便飯。老建築雖然充滿舊時代的浪漫，但實際生活在此可就是另一回事了。

走進只能用家徒四壁形容的 Wilfredo 家中，他們已為我準備好晚餐，就怕我餓著。飯畢，是蘭姆酒加古巴可樂的「自由古巴」為這夜的狂歡敲響序幕，來古巴怎麼可以不跳 Salsa？ Wilfredo 的姊姊充當起我的舞伴，在 Wilfredo 的指導與酒精的催化下，我扭起僵硬的身體，腳步踏著基本四拍，在大夥的歡笑聲中舞出自己的步伐。

夜越來越深、酒一口接著一口，不擅喝酒的我竟也與 Wilfredo 兩人喝完一瓶多的蘭姆酒。帶著蹣跚的步伐回到住處，一進門立刻跑到廁所嘔吐，今晚，我是真的醉倒在哈瓦那的情懷中了，如果說哈瓦那有什麼讓我值得留念的，Wilfredo 絕對是其中之一。

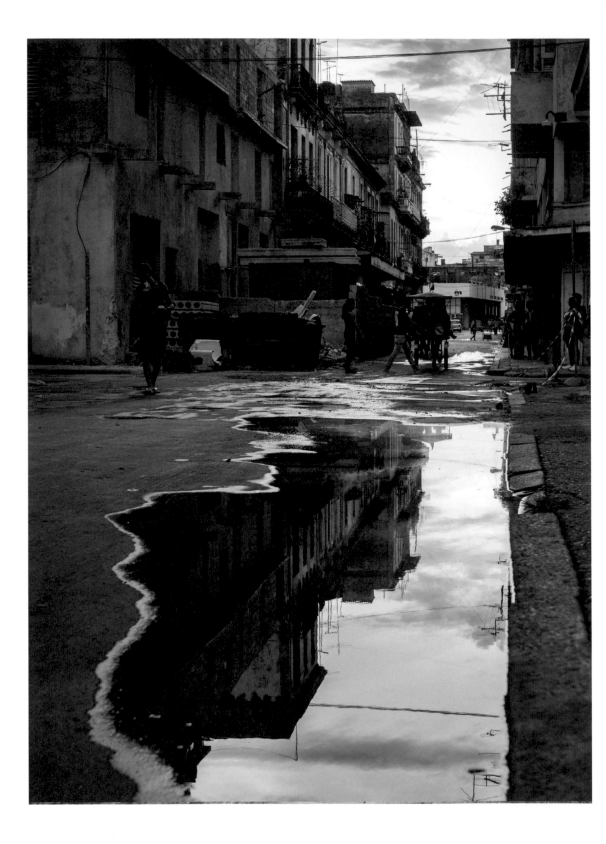

Cienfuegos

你喜歡「切・格瓦拉」嗎？

在哈瓦那尚未清醒的清晨，一台吐著白煙的計程車已在街上等我。走出屋門，沉靜一晚的涼風將我昏沉的腦袋喚醒了幾分。把沉重的背包塞進後車廂，也把自己塞進後座內。車內撥放著電影《捍衛戰士》的經典配樂〈Take My Breath Away〉，搭配著窗外街景，就像是在看一部車窗上播映的電影一樣。雖然現時美國與古巴的關係仍然對立，但不管古巴政府再怎麼封鎖，也鎖不住美國文化進入人民的生活。

來到 Viazul 公車站，售票人員的服務態度讓人不敢領教，但總算是買到車票順利上車前往 Cienfuegos。有南方之珠之稱的 Cienfuegos 以鎮上保存良好的法式建築聞名，但是我對這城鎮的第一印象卻是馬車。馬車是這裡常見的交通工具，我居住的二樓房間，陽台緊臨馬路，可聽見外頭不斷經過的「噠噠」聲，剛開始覺得有趣，但後來就覺得有些惱人了。

「你喜歡『切・格瓦拉』嗎？」當我坐在武器廣場上休息時，一位老人靠近搭話。不若一般古巴人總是誇張熱情的模樣，這位老人不管是肢體或是語氣都顯得輕柔且有禮。但經

過哈瓦那幾天的洗禮，我對於主動接近的人都已敬謝不敏，不出所料，沒說幾句話，老人就露出真面目。「你有多的『切‧格瓦拉』嗎？」他拿出一枚上頭有「切‧格瓦拉」頭像的硬幣。「我需要它們去買些食物吃。」即使我沒有回應，老人仍繼續說著。他在我身旁絮絮叨叨地說上許久，卻都被我一一冷淡回絕。最後他伸出手與我握手，並說了抱歉打擾後就離去。望著他蒼老的背影，我開始覺得有些後悔。或許，這位禮貌的老人是真的需要錢買食物。「不對，在這裡我從沒看過乞丐，他們雖然窮，但應該不至於餓死。」我搖搖頭，在心裡這樣告訴自己，企圖消滅內心湧現的愧疚感。

晚上循著遠方傳來微弱的喧鬧聲，我來到鎮中心，才發覺今晚恰好是 Cienfuegos 的狂歡節。行進樂隊、嘉年華女郎、各式人偶遊行隊伍沿著臨海街道往南直到終點的廣場。相較於哈瓦那的狂歡節，雖然這裡規模較小，但是所有的演出都是免費。你可以到主廣場看遊行隊伍的演出，也可以到其他小舞臺前聽現場音樂。除了這些演出，還有各式各樣的攤販以及流動兒童遊樂場，活脫脫像個大夜市。而那個兒童遊樂場著實吸引我的目光，不是因為新奇有趣，而是設備簡易破舊的令人不安。小型摩天輪與旋轉木馬，全都靠老闆人力推動，只有海盜船是電力驅動。孩童們坐在老舊、鏽化的金屬車廂中，若非他們燦爛的笑容，還以為是被關在牢籠中。那唯一靠電力驅動的海盜船，啟動後，像是被禁錮已久，終於掙脫束縛的野獸。狂野的擺盪幅度讓我暗自擔憂老舊器材是否承受得住。不過排隊人潮絡繹不絕，孩童的歡笑尖叫聲也不曾絕耳，也許只是我少見多怪罷了。

離開兒童遊樂場，一位黑人阿姨叫住我。她指了指我手上的相機，搔首弄姿擺出幾個動作要我替她拍照。她身旁站著一位神情萎靡的白人大叔，一旁還有一對年輕男女。拍完照後，她卻拉住我的手不放，其中略懂英文的年輕男孩解釋著：他們是一家人，黑人阿姨想找我跳舞。即使我再三拒絕，她仍不放開我的手，一會兒改問我住在哪裡，她想要去我家；一會兒又改說我可以去她家。甚至指了站在一旁的年輕女孩，提議我們三人一起回去她家。我看著熱情的阿姨、像是病人的白人大叔、看似未成年的漂亮女孩以及一旁

笑呵呵看戲的年輕男孩，覺得這一切太過荒謬。看我愣在原地，阿姨以為我不懂她的暗示，於是將嘴巴湊上我的耳朵旁輕說了一句「fuki-fuki?」。我心內苦笑，沒想到即使離開哈瓦那了，卻還是逃離不出這個詞。我再次客氣且堅定地拒絕阿姨，接著便趕緊遠離她們。

我想尋找稍早前在海邊遇到的一位老樂手，他邀請我去看他的演出。但是在幾個表演舞台間來回走動，就是不見他，反倒是在其中一個舞台前又被方才的黑人阿姨遇到。她的身旁依舊伴著白人大叔，但年輕男女已不見蹤影。這次她直接把我拉到舞臺前，隨著現場音樂跳起舞。我心內暗叫糟糕，想必她是想用性感的舞姿來色誘我，但是情勢至此我也不能一直逃避，只好牙一咬，與她共舞。前一晚 Wilfredo 幫我特訓的成果已經蕩然無存，我的腳步時常錯拍甚至踩到她的腳，但阿姨總是不厭其煩的帶我重新開始。時間過了很久，但或許才一下子，總之我覺得已經做足誠意，便跟她說我要離開。這回她倒是很乾脆沒多說些什麼，看來這次她是真的只想跟我跳舞而已。這讓我對她增加好感，覺得她是位坦率有趣的阿姨，但也僅只於此，依舊不會想跟她回家「fuki-fuki」。

在 Cienfuegos 待了兩晚，覺得有些乏味。保存良好的古蹟雖然頗具特

色，但是徒留美麗軀殼的建築還不若哈瓦那破敗卻充滿人味的街區
吸引我。而離開哈瓦那後，網路就更加不方便。古巴是個高度控制
資訊的國家，人民不能擁有私人網路。在哈瓦那還有一些飯店提供
無線網路，但是在這裡只能去電信局使用公用電腦上網。不僅需要
跟一堆人搶電腦，一小時上網要價 4.5CUC 的費率，也讓人無法久

坐。古巴人的生活沒有網路，因此晚餐後，他們會將屋內的椅子搬
出，坐在街上發呆乘涼，或者三兩人圍站在鄰居家的門口串門子。
在這裡大家不會窩在家裡上網，或者聚在一起時卻各自低頭滑手機，
彼此都是面對面的交流。在這裡我看到從前沒有網路的生活方式，
人與人的連結既簡單又直接。

彩色小鎮；灰色貧民

　　早晨七點鐘，太陽自地平線升起不久後，我就被窗外躁動的人馬聲給喚醒。消毒車沿街噴灑藥劑，濃重的消毒煙霧覆在街道上，形成一幅城鎮於晨霧中甦醒的假象。而我就在這幅畫面中告別待上兩夜的 Cienfuegos。

　　有了哈瓦那的經驗，這次我已經在前一天事先預訂往 Trinidad 的車票，售票員告訴我發車前 30 分鐘再來取票就行。但是隨著發車時間接近，早該在售票辦公室拿票給旅客的人卻遲未出現，車站內的旅客焦躁不安，卻沒人知道怎麼一回事。終於，站務人員大喊，巴士即將開車。所有人全擠向月台，大夥都沒拿到票，而站務人員似乎也不知該怎麼處理。過一會兒，終於有人去找出手寫的訂位名單，喊到名字有訂位的可以上車，但有些沒訂位的人也跟著上車了，他們處理事情完全沒邏輯可言。我在人群中苦等他們喊我的名字，但是站務人員卻宣布本車客滿，我趕緊擠到前頭說我有訂位，但他雙手一攤，表示愛莫能助，留下我一臉錯愕。此時，在站外伺機而動的計程車司機，立刻過來招攬我們這些沒能上車的旅客，搭乘他們的車去 Trinidad。由於下班巴士要等到下午，而且難

保類似情形不會再次發生，Taxi 車資跟巴士相去不遠，於是我便與一對德國情侶共乘一輛車前往 Trinidad。

　　所謂的計程車其實是輛私家車，擋風玻璃破裂、雨刷罷工、後照鏡歪斜，當然更別奢望有空調。司機熱情介紹沿途景點，但是我聽不懂他的西班牙文，也只能與他大眼瞪小眼。抵達 Trinidad 後，原本司機該載我到 Viazul 巴士站，我預訂的民宿主人會在那裡等我。但是還沒到巴士站司機就停在路旁，把我交給一位拿著寫有我名字紙張的人。我不疑有他，便跟著他走。

　　Trinidad 的民宿是 Cienfuegos 的民宿主人替我介紹，她強調這間民宿既美麗又舒服，但是當我來到民宿時大感失望。雖然談不上破舊，但也相差無幾，「美麗又舒服」與這間民宿搭不上邊。等到登記完住宿資料、付完租金，接過民宿主人的名片後，才發現這民宿根本不是原來我所預定的，看來是我這頭肥羊被人中途攔截了。至於這是剛才司機搞的鬼，或是其他人早已不得而知。我對住宿不挑，而這民宿相當便宜，想說也無所謂，只是另一間民宿主人可能會在車站苦等我不到了。

　　Trinidad 保有濃厚的西班牙殖民建築，鎮上滿是各種鮮艷色彩的房屋，就像個彩色小鎮，是除了首都哈瓦那外，旅人必定來訪的城鎮。小孩在正午的陽光中隨著音樂賣力擺動身體，鮮明的活力與強烈的光影，是搭配完美的二重奏；老人則自在地坐在門口或透過窗戶，看著外頭來往行人。一直走著，直到太陽退下舞臺，我的腳步依然不停歇。只是越走越偏僻，光線轉為黯淡不明，兩旁建築也逐漸褪去鮮艷的色彩，我已經進入灰色的地區，依稀可見居民坐在自家門口前，三兩成群的聊天。雖然四周一片黑，但我不覺得危險，繼續走著。

　　「Amigo! Amigo!」路旁打牌的一位男子突然叫住我，夜色使我難以看清他的面容，看他嘰哩咕嚕、比手劃腳的，像似要跟我展示什麼。他一直叫我別走，並持續地向暗處的街道大喊，我不明白他的意圖。幾分鐘後，一群小孩從暗處中奔跑出來，原來他是想要我替他的小孩們拍照，一位懂英文的

古巴女人跟我解釋著。小孩們看見相機都很興奮，根本無法靜止片刻讓我好好拍。拍了幾張停不住的身影後，剛才替我解釋的女人問我是否可以給一點錢，好讓她為小孩買些食物。雖然當下有些被欺騙的情緒，但是看著這些小孩的衣著以及這區的破敗，也覺得他們真的是窮，還是拿了點錢給他們。「這是為了小孩們。」那女人拿到錢後再次強調。

離開那裡，一位小孩從後頭追了出來，一看到我轉身，他便雙手併攏，身形挺直準備好讓我拍照。但我一拍完，他立刻伸手跟我要錢，想必是剛才的狀況使他認為給我拍照，就可以有錢拿吧。向他搖搖手，也不理那失望的聲音，我轉身離開這個灰色的貧民區。

走過幾個街口，街燈再次出現，光線也清晰許多，我回到了彩色小鎮。路上經過幾間餐廳，看著裡面坐著外國遊客，他們啜飲紅酒，搭配著豐盛的海鮮佳餚。在這些燈光美氣氛佳的餐廳吃一頓飯至少得花費 15CUC 以上，與剛才的情景兩相比較，不禁有些感概，這世界的貧富差距是如此之大。當人處在貧窮時，什麼都可以賣，更何況賣身。所謂尊嚴兩字，或許得等有錢的時候再來學會怎麼寫吧。

Camagüey

越洋電話

　　原本想在 Trinidad 待兩晚就好，但沒想到往 Camagüey 的巴士一連幾天客滿，只得在 Trinidad 多待。臨時空出來的時間，就請一位在公園認識的當地人 Roberto 幫我預定一個騎馬到鄰近瀑布的行程。雖然這個行程讓我的屁股著實受了不少苦，而 Roberto 也像多數古巴人一樣，總想從我身上討些好處。但也多虧他替我找到幾位同樣要前往 Camagüey 的背包客，讓我們共同負擔一台私人車出發，我也不至於在 Trinidad 耽擱太多天。前一天 Roberto 約好我們四位乘客碰面，確認好明天的接送順序。看似一切順利，但是 Roberto 仍有些不放心，他說他只有跟仲介人接觸，從頭到尾都沒見到實際上要載我們的司機，所以心裡有些不踏實。但其中一位開朗的阿根廷女孩似乎不以為然，「沒什麼好擔心的，一切都會很順利！」她這麼說。但我可以明白 Roberto 的擔憂，畢竟這裡可是古巴。

　　早晨 Roberto 騎著腳踏車來到我的住處，除了想跟我道別，也想確認出發車班不會出錯。但是到了預訂時間，車子仍未出現，他顯得有些緊張，倒是我輕鬆面對。「車沒來，明天再走也無妨。」我心想。終於，一輛黃色小轎車姍姍來遲，其他三位背包客已經坐在後座。司機下車一開口就跟我說，到 Camagüey 的車資漲了，現在我必須付給他 19CUC 才行。我不回應司機，先去詢問後座繃著臉的阿根廷女孩。她說這位司機告訴大家，因為原來的司機臨時不能前來，所以換成他載我們去 Camagüey。17CUC 是原本的的價錢，但是他的價錢是一人 19CUC。「我不曉得是什麼原因，但是我現在很生氣。」阿根廷女孩強調。

　　司機不斷地催促我上車，而一旁的 Roberto 只說很抱歉，他也不曉得為何事情會變成這樣。看著車上鬱鬱寡歡的三個人，最後還是決定接受這個價

錢。並非是我別無選擇，而是考量我若不上車，那麼另外三位背包客的車資恐怕又要再漲了吧。Roberto 幫我將行李搬進後車廂，伸出手來跟我握手道別，此時我竟然不知道該如何看待他。「會不會他也是這一切的共犯之一呢？」我無法抑制心頭冒出的疑問。

　　阿根廷女孩怒氣難消，在車上與司機爭論不停。但這只是無意義的舉動，當她選擇坐進車子，就已經失去談判籌碼。車子後照鏡上吊著一小面古巴國旗與一張美元紙鈔，我看著這兩樣東西，心想這真是古巴人民的真實寫照。他們愛國，同時更愛錢。「我很愛我的國家，但是這裡的經濟有很大的問題……」許多古巴人總是這樣告訴我。

　　對於 Camagüey 這城市，我沒有任何概念，一如我對這趟旅程大部分地方的認知。但我喜歡用雙腳來認識一個地方，用感官經驗未知，有時就這麼邂逅了一些人或事。藉由這些人、事、物，我也就一點一滴地建立起屬於自己的旅行地圖。我從下午一直走到入夜，看著街上的人群，也被街上的人群看著。就在我看完一齣缺少前情提要，在街頭上演的鄉土鬧劇後，一台三輪車截住了我的去路。司機像個橡皮糖一樣黏著我，想要做成這筆生意。而我只想繼續進行自己的城市漫步，但是我想起了 Wilfredo，這位讓我有美好經驗的三輪車司機。或許我在這裡也能有像哈瓦那那樣的美妙經驗？我詢問他如果帶我簡單的遊覽一下需要付給他多少錢？一塊、兩塊或五塊錢，「It's up to you.」最後他說。

　　坐進三輪車內，涼風隨著車子前進輕拂全身，在昏黃的街燈照耀下，石板路顯得更為質樸。雖然司機的英文並不好，但他仍賣力地介紹沿途景點。沒多久，車子停在一個酒吧前，在他的推薦下，我走入酒吧。我不想獨飲，向吧檯點了兩杯 Mojito，邀請司機一同坐下。司機企圖跟我解釋這間酒吧的

歷史與故事，但語言的確是一個隔閡。於是他抓了酒吧內另一位懂英文的朋友 Leonardo，加入我們一起聊天。Leonardo 是位退休的拳擊手，目前以教小朋友拳擊為業。他說幾星期前也在這間酒吧遇到幾位來自臺灣的女生，他們當時聊起了棒球，臺灣女生給他看了一位在台灣很有名的選手照片，Leonardo 說那選手沒有特別帥，但鼻孔有點大，我猜是兄弟隊的某位球員吧。

喝完酒，司機表示要帶我再逛一下，由於有了 Leonardo 加入，氣氛變得熱絡許多，因此三人一起坐上三輪車。看了幾棟建築，合照了幾張相片，沒多久就回到剛才的酒吧。我拿出 5CUC 給司機，心想這樣應該足夠，不料司機說這錢只是他一開始載我到酒吧的車資，酒吧後的那一段我要再給他10CUC。我猜想司機是剛才看見我用 20CUC 紙鈔支付 5CUC 的酒錢，所以知道我身上至少還有 15CUC。我不敢置信，方才我還請他酒，一起玩樂、拍照的人，這時卻只想榨出我身上所有的錢。透過 Leonardo 翻譯，我們進行著不太有用的溝通，這時 Leonardo 的臉上顯得尷尬又難堪。當附近有警察出現時，司機立刻抽走我手中的 10CUC，快步離開。

　　而我在原地試著跟 Leonardo 描述整件事情,沒有立刻攔住他。我就跟早上的那位阿根廷女孩一樣,在事後進行著沒有意義只是宣洩情緒的爭論。

　　走回民宿的路上,心情有些沮喪。不只是因為那司機或那 10CUC,而是這幾天遇到太多類似事情。我感受古巴人良善且熱情的本質,但為了錢,他們可以出賣任何有形或無形的東西:身體、信用、良心以及朋友……。究竟是環境造就個性,還是個性決定命運?臺灣如果哪一天走到十分貧窮的地步,我們也會跟他們一樣嗎?但是反觀德國與日本,在戰敗後經濟一片蕭條,卻還是迅速站起來強國依舊,這不就是個性決定命運的表現?

　　低潮的心情讓我極度渴望家鄉的聲音,不顧一切拿起手機打了通國際電話。時差 12 小時的臺灣,正是晴朗的周末上午,朋友在電話的另一頭唱著自己寫的歌「圈圈」,撫平不少自哀自憐的心情。總算讓這天,可以帶著一些愉快的記憶入睡。

Santa Lucia

鯊魚餵食秀

  Santa Lucia 海灘距離 Camagüey 約 112 公里,位在古巴中部的北岸。20 公里長的白色沙灘媲美哈瓦那附近的 Varadero 海岸,但是少了許多觀光人潮。除此之外,世界第二長的珊瑚礁地形(僅次於澳洲大堡礁),也讓這裡成為古巴最棒的潛水地點之一。不過 Santa Lucia 缺乏大眾運輸,若沒有交通工具,恐怕很難一訪。但在古巴有錢一切好解決,要找到載你去 Santa Lucia 的車不難,差別在於要花多少錢而已。前一天我在市區以 60CUC 的漂亮價格找好來回接送的車輛,並用紙筆寫上接送日期時間,跟他們確認再三避免誤會。但是當司機早上來到民宿接我時,事情又有變化了。司機這會兒改說當天來回接送才是 60CUC,我是今日去明天回,所以車資必須是調整成 80CUC。我與司機僵持不下,到後來,司機的脾氣也按耐不住,開始大吼大叫要走人。最後我們各退一步,以折衷的 70CUC 成交。這就是古巴人慣用的手法,一開始先想盡辦法接到生意,最後在你沒得選擇時再以各種原因臨時漲價。對此,我只覺得十分疲憊,但只要在古巴,就必須一直跟他們玩這種遊戲。

  司機是位二十多歲的年輕人,這車子是我在古巴搭過的所有私人汽車中,唯一一輛有空調的。路上隨時都可以看到手舉鈔票、頂著陽光,站在路旁揮汗攔車的當地人,突然覺得我獨自擁有這輛舒服的冷氣車太過浪費,便告訴司機他可以載順路的攔車路人,讓他也能多賺一些。兩個小時後,抵達 Santa Lucia,但我預訂的平價旅館剛好今日停水,所以不接客人,只能另尋住處。背著行李走上一大段路後,找著一間不在旅遊指南《Lonely Planet》上介紹的民宿,這裡仍有空房,暗呼幸運,差點我就要入住昂貴的飯店了。

行李放下後，出發去找潛水店，雖然這裡沙灘甚美，但是海面下的景色才是我來這裡的目的。Shark's Friends 是這裡唯一的國際潛水中心，一支氣瓶的費用是 40CUC。但潛水店的船今早正好故障，目前還在修理中，下午能不能順利出船潛水仍是未知，今日事情一直出現著預期之外的變化。

幾個小時後，得到了壞消息：船隻無法修好，所以今天船潛取消。但所幸潛水並未取消，只是改成到北邊的 Nuevo Mortera 進行岸潛，那是一處有艘 1896 年沉船的潛點。潛店的氣瓶是鮮豔的鵝黃色，浮力控制背心（BCD）看起來也頗新，潛水裝備呈現出一種活力感。但若細看，會發現保養並不仔細，裝備的可靠度有多少我打了個問號。果不其然，當我一跳入水中後，備用二級頭立刻失控地狂洩氣，怎麼樣也止不住。等到潛導過來幫我敲敲打打處理好後，原來有 200bar 空氣的氣瓶已經損失近 30bar。

大夥跟著潛導下潛，每個人的裝備或多或少都冒著氣泡，這種狀況在國內是無法被接受的失誤，在這裡卻是習以為常。想起潛水前我已經簽了生死自負同意書，看來在這裡潛水的確很需要潛客簽署這種免責的聲明書。水溫 29 度 C，能見度約 25 米，水中不見任何珊瑚礁，魚類也偏少，沉船本身也沒有多大看頭，似乎也不是我們的目的。潛導一路帶我們到 24 米深的海底，接著示意我們待在原地不動，只見他們游向前方拿出事先準備好的魚，這時我才意會過來，原來我們這次潛水要看的是這裡很有名的鯊魚餵食秀。搞清楚狀況後，我跟著大夥像狙擊手一樣將身形俯低，趴在海床上，看著前方的潛導以潛水刀劃破魚身，紅色鮮血渲染於海中。像是一幕獻祭儀式，祭司們跪在海底高舉祭品，魚腥味則是無聲的召喚咒語，邀請魔鬼前來享用。我們連呼吸也變得小心，緊張得直盯前方。這場景讓我想起電影《侏羅紀公園》中的經典片段——用羊餵食暴龍秀。但電影中的暴龍最後失控，改為追逐原本該是旁觀者的主角們。

一會兒後，一隻身長兩公尺多的公牛鯊出現在視線內，但牠無視潛導手上的魚，反而在我們周遭巡游著。我們一動也不敢動，看著牠的身影一會兒出現，一會兒又隱沒在藍色的迷霧中，我的心情既興奮又緊張。但不知今天鯊魚是否缺乏食慾，不管潛導們怎麼引誘牠，將手上的魚切了再切，甚至拋在前方的海底，那隻公牛鯊就是沒有上前咬一口，反而是便宜了一旁的小魚們。我們繼續等待著，但時間一分一秒過去，有人的空氣殘量開始不足，所有人只好折返回到水面。潛導後來說，有時候運氣好可以一次見到六、七隻鯊魚，但有時候也可能一隻都沒見到。雖然這次未能見到聞名的豐富珊瑚礁生態，也沒看到鯊魚張嘴大口進食，但是大夥心情仍然是相當開心，畢竟能如此近距離看到鯊魚，是很難得的經驗。帶著滿足的心情回到民宿，外頭傳來舞曲喧鬧聲，但我沒有一絲想去瞧瞧的好奇心。一罐啤酒已經讓我醉上一晚，就這樣在派對聲中睡去，並且又在派對聲中甦醒迎接隔天的早晨。

　　隔天潛水中心休息，沒得潛水，我便到海邊游泳。沙灘上滿滿人潮，幾乎都是當地古巴人。走在這沙灘上感覺自己像裸體一般，亞洲人的臉孔引起眾人的好奇心。大人還懂得克制，但小朋友就是毫不客氣地猛盯著你，只差沒開口問我會不會「功夫」。古巴人常會問我會不會功夫，以為這是華人都懂的一項技能，但對於此類疑問我都只說他們電視看太多了。

　　一聲「你好！」突然從一旁冒出，我聽到立刻也回「你好」。對方聽見我的回應顯得很開心。接著他們又有人喊「靠么！」，我當然也「靠么」了回去。會說「靠么」應該是某位臺灣人教的，我走過去試圖與他們聊天，但他們不會說英文，所以也無法問出從何學得，不過這句「靠么」已經讓這個盛夏的午後都帶著笑意。

Holguin

Dainel 在哪裡？

　　越往古巴東邊前進，太陽就越是不受控地發狂。炎熱的陽光，讓 Holguin 街頭的人或車，都只能躲在陽傘的庇蔭下。在這裡身體整天都覺得缺水，口乾舌燥快被蒸發。想買瓶礦泉水來解渴，許多商店只有啤酒沒有礦泉水。Holguin 是古巴的啤酒產地重鎮，難不成這城市的人都是用啤酒來解渴？

　　昨日離開 Camagüey 時，將手機充電器遺忘在民宿，民宿主人幫我將充電器拿到車站，請一位正好要來 Holguin 的人帶來。透過 Holguin 的民宿主人所傳遞的訊息，我只知道那人叫 Daniel，他的車牌編號是 3322，預計 15:30 抵達。得到這些資訊後，我就前往 Holguin 車站，開始了這個「Daniel 在哪裡」的任務。

　　站在熙攘人往的巴士站，我對於如何找人毫無頭緒，英文在這個城鎮幾乎不管用。瞧見一台疑似 3322 的巴士剛駛離車站，Daniel 理當已經在這車站的某處，先隨便問了幾位貌似在等人的先生。雖然沒問到 Daniel 的下落，但是一位略懂英文的黑人非常想幫忙。他在車站內東奔西走，四處詢問車站人員，最後似乎得到一些資訊，寫了一個地名要我跟他去。我不懂他要帶我去那裡幹嘛，他的英文只比我的西班牙文好一點，所以連他到底知不知道我要找什麼，都無法肯定。心裡有些猶豫要不要跟他去，一方面是我其實還有備用充電器，另一方面是這位黑人這麼熱心的幫忙，應該是想跟我要錢作為回報吧。他帶著半推半就的我沿路走到另一個巴士站，但依舊沒有 Daniel 的蹤影。他說 Daniel 可能在另一個更遠的地方，指了方才寫在我筆記本上的地名說那是巴士的停車場，問我要不要坐 Taxi 去找他。我不想再花費時間找 Daniel，只想盡快擺脫這個意圖不明的黑人。我說那個地方太遠，我要回家了。但是這人想找到 Daniel 的決心竟然比我還強，一直說：

「One moment, one moment.」他找了公共電話，我聽不懂他的西班牙文，只知道他一直在詢問事情，掛斷後會再次跟我說：「One moment, one moment.」然後繼續打下一通，就這樣不停地重覆著。我已經完全不懂現在是什麼狀況，排在我們後頭等待使用電話的女士已經十分不耐煩，將怒意透過雨傘戳向我的背多次，我也只能帶著尷尬歉意的笑容跟她說：「One moment, one moment.」。

好不容易打完電話，他說得到一個好消息，那輛編號 3322 的巴士待會將回到剛才的車站，因為接下來巴士要開往別的地方。

「Daniel 怎麼可能還在車上？他早就回家了吧！」我心想。但反正回民宿的途中也會經過車站，還是跟著他一起走回車站。一到車站，真的看到那輛編號 3322 的巴士開進站。黑人立刻跑上車去，問了一位正要下車的人是不是 Daniel？那人搖搖頭，接著指了指身後的駕駛，這時我才恍然大悟，原來 Daniel 是巴士司機啊！此時我們兩人相視一笑，為完成這項「Daniel 在哪裡」的任務而開心。

順利拿到充電器後，這位黑人並沒有跟我索取任何回報，反倒是我對自己先前的想法感到有些慚愧了。我請他到附近的店家喝飲料表達謝意，也想順便多聊些。黑人叫 Gabriel，住在關達那摩（Guantánamo），是一位跳 Hip-hop 的專業舞者。因為他的車班是晚上九點鐘，所以他才有這麼多時間幫我找 Daniel。39 歲的 Gabriel 打扮就像個散發著活力的年輕人，雖然沒有結婚但是有一位女朋友。他拿出女朋友的照片給我看，是位身材曼妙的美麗年輕舞者。當 Gabriel 跟我說她的年紀才 24 歲時，我不禁露出欽羨眼神，他面露得意地說因為他是一位「Artist」，所以才會有這樣的福利。Gabriel 邀請我去找他，雖然我並沒有把關達那摩列在旅程計畫內，但是這城鎮剛好位

在接下來的路線上，我説或許過幾天可以擠出一天空檔去找他，他畫了一個地圖給我，滿心期待的跟我説務必要去。

　　離開 Holguin 後，到小城鎮 Bayamo 停留一天。這裡鎮中心的主街只有一條，15 分鐘就可以走完。一個下午，我就這麼來來回回走上許多次。為了列印網路預訂的車票，我走進一間照相館列印。雖然説是一間相館，但屋內空蕩不見任何攝影棚燈，牆上掛著一面陳年舊紅布作為簡易背景，若非外頭的招牌，我還以為誤闖入一般民宅。我坐在沙發上等候，此時一位丈夫帶著懷孕的妻子走進相館來，想拍攝紀念寫真。那對夫妻站到紅色布幕前，與我坐的沙發正好相對。相館攝影師拿出一張 4X6 的照片與他們討論拍攝樣式，

我好奇的看著。待他們討論完畢後，攝影師走進後頭拿器材。這時，我拿出相機向夫妻示意，獲得他們的點頭允許後，也沒起身就迅速拍下幾張照片，在相館攝影師回來前我已經將相機收好，我可不想讓他有任何不被尊重的感覺。相館攝影師請夫妻擺出簡單的姿勢，拍攝幾張照片後就算完成。簡單，卻很真實的照片，回歸攝影的本質──記錄。

晚飯後，我與另一位旅人雅尼克一起去鎮上的 Casa de la Trova（歌謠之家）聽音樂。Casa de la Trova 是官方設立的音樂場所，在古巴各個大小城鎮中都可找到，《樂士浮生錄》中的 Buena Vista Social Club 樂團，正是由 Santiago de Cuba 的 Casa de la Trova 所蘊育出來。但門口的收票員說我們來得有些晚了，今晚表演只剩不到一小時。不過入場費才 1CUC，都已經來了也沒打道回府的理由，仍是順著飄出的音樂聲走入。也許是 Bayamo 的 Casa de la Trova 不若其他大城市樂手知名，現場加上我們兩人一共只有三桌客人。選了一張靠近表演區的桌子坐下，點了啤酒，我們兩人就各自沉迷於現場音樂聲中。

　　臺上表演的樂手看來都有 60 歲以上的年紀，打擊樂器敲擊著動感的節奏，吉他和弦疊在 Bass 的根音上，小號適時的加入旋律，他們有時一人領唱，有時眾人齊唱，一首一首熟悉的樂曲就這樣直敲入心，一旁的雅尼克甚至每首都可以跟著唱上幾句。這種由庶民生活發展出來的音樂類型，之所以感動人心，絕非因為技巧高超或者天籟音色，而是音樂中的靈魂打動人。音樂是驅使我來古巴的動力之一，直到今晚心中的那股渴望終於被他們所滿足。

　　一小時的表演很快就結束，領班開始走向各桌兜售他們的 CD，雖然我聽得意猶未盡，但是對於是否要買 CD 卻是有些躊躇。他們的音樂是可以被獨立打包帶走的嗎？今晚感動我的可不只有旋律本身，若缺少現場場域的連結，將音樂分離出來轉錄成數位訊號之後，這樣的音樂還剩下些什麼？就像相片常常無法留下那令我悸動的景色一樣，我也擔心 CD 無法重現他們今晚帶給我的感動，那它只會成了謀殺我心中古巴音樂的兇手。最後，我給了小費但沒有帶走 CD。就讓這晚的音樂，留在這塊土地與美好的回憶中吧。

極東之鎮 Baracoa

　　匆忙吃完早餐，搭上計程車前往 Viazul
巴士車站。初升的陽光穿過擋風玻璃，光輝
瀰漫整個車廂。司機問我接下來要去哪裡，
指向前方我說：「我要去太陽升起的地方。」
接下來，我要前往古巴東岸城鎮 Baracoa。但
當我站在 Viazul Bus 售票窗口前，售票員卻
再度上演消失的戲碼。而車站外頭，擠滿想
攬客的私家車司機，他們拍打窗戶，舉著牌
子，想告訴我們 Viazul Bus 不是到 Baracoa
的唯一選擇。排在我前頭的德國人不斷地碎
念，轉過頭跟我說一定是售票員收了外頭司
機的好處，所以故意失蹤讓大家買不到車票。
其實我已經事先在網路買好車票，只是仍需
要到售票口拿正式車票，但是眼看發車在即，
我決定放棄排隊，憑著列印出的訂購單，司
機卻也讓我上了車。直到巴士開車的最後一
刻，都沒見到剛才那位德國人上車，想必他
此時應該更生氣了。

　　巴士翻過一大段山路，四個多小時後，
一座臨海城鎮出現在視線遠方。三面環山一
面向海，Baracoa 距離首都哈瓦那已有 900
多公里，是我古巴之旅的最東點。從哈瓦那

開始，一路上，每位曾到過 Baracoa 的旅人都向我稱讚此地的美麗，甚至說這是他們在古巴最愛的城市。「Baracoa 有著古巴最棒的女人。」Wilfredo 聽到我想去 Baracoa 時則是這麼說的。

對於 Baracoa 一直懷抱著滿心期待，但是真來到此處後，心情卻有些提不起勁。一到民宿先是窩在床上，躲過午後的大雨才有些不情願地出門。閒適的濱海小鎮氣息，連吹來的海風都懶洋洋的。城鎮一邊是山一邊是海，藍色海水拍打著礁岩岸，走在臨海的街道上，我想起了蘭嶼，那美麗更甚於此地的島嶼，或許是海風也吹來了鄉愁。

夜幕升起，原本懶散的 Baracoa 才逐漸露出生氣，躲避太陽的人群紛紛自建築物走出。一位黑人向我打招呼，原來是下午在海邊散步時遇到的人。

「Buenas noches, Wen!」他說
「Buenas noches~」
「Restaurante?」
「Just take a walk.」

打完招呼，黑人沒有離去，卻是默默地跟在我身旁，看來今晚他是打算纏上我了。沒走幾步路，後頭又有一位人叫著我的名字。在這遙遠的古巴東岸城鎮，哪來那麼多認識我的人？轉身看，竟然是早上在 Viazul 車站的那位德國人 Chris，他終究還是搭上他口中那官商勾結的私人汽車來到 Baracoa。

Chris 說他是來這裡找豔遇，跟在後頭的黑人聽到立刻接話說他知道哪邊有全鎮最漂亮的女生。根據黑人所提供的訊息，我與 Chris 來到一間 Disco 舞廳，但現在要先擺脫黑人的糾纏。「Me house is you house; me money is your money」（我的家就是你的家，我的錢就是你的錢）黑人用他的古巴式英文不停地向我們強調他的交友哲學，然而事實是從他一開始纏上我們，就不斷地跟我們要錢買東西或是付舞廳的入場費。起初我給他 1CUC 希望可以打發他，反而讓他食髓知味。現在更是理直氣壯的責備我們，不給他錢就是不把他當朋友。拒絕無數次，終於讓他

死心離開，我與 Chris 兩人趕緊走到舞廳後方，既方便觀察人群也想喘口氣。

「你喜歡怎樣的女人？」Chris 問，同時眼睛掃視著場內。

遲疑了一下，「我比較喜歡臺灣女孩的樣子。」我回答的有些心虛，因為我並不打算在這找女人，只是好奇 Chris 會怎麼行動。

Chris 點點頭表示贊同，對他而言膚色不重要，臉蛋才是重點。但我有些懷疑他的說法，因為到目前為止他所注意的每一位都是身材前凸後翹，但臉孔找不出優勢在哪的女孩。手上的啤酒是 Chris 請我的，今晚不管剛才那位黑人怎麼懇求，Chris 硬是一毛錢也不肯掏出，但是他卻主動請我喝啤酒。對於 Chris 來說，這兩者意義不同。「我知道他們生活很困苦，但是他們不應該這樣做……」他喝了一口啤酒後繼續說：「我曾經去過一些東南亞國家，那裡的人民甚至比古巴人更貧窮，但是他們不會跟人稱兄道弟後跟對方要錢，反而是主動給予（give）。」聽完，我們舉起啤酒，互乾了一口。

人潮持續地湧進這個位在頂樓的舞廳，氣氛也越來越熱絡。此時剛才的黑人又出現來要錢買啤酒。我們實在是服了他的毅力與臉皮，為了躲開他，只好再度進到舞池中。Chris 說他不會跳舞，只會自己亂扭一通，「但管他的，反正這邊沒人認識我們」他說。就在我也放開束縛忘情地扭動時，Chris 突然示意我他已經找到今晚的目標。順著他眼神的方向一看，我瞧見一位身材極致曼妙，曲線無可挑剔的黑人女孩。我問要靠過去搭訕嗎？他卻說不用主動出擊，他的眼神已經和那女孩對上，只要耐心等待對方主動靠近即可。這是一個狼與羊的遊戲，只是不到最後，不曉得誰才是真正的狼。

一切如 Chris 所料，他的獵物漸漸移動到我們旁邊，一開始沒主動攀談，過一會才假裝自然相遇地聊起天。女孩不是一個人，身旁還有她的姊姊。Chris 將我介紹給她們，自然也將姊姊分配給我，並請她教我跳舞。我對結姊姊興趣缺缺，但此時若離開，恐怕會壞了氣氛，於是我便與她進入舞池。姊姊主動地將我的手放在她的後腰上，隨著節奏擺腰扭臀，鼻子傳來她的髮香，光滑的肌膚刺激著我的指尖，心跳不免有些加快。我們的進展頗快，她

不停變換著舞步，兩人的肢體接觸也越來越親密。此時我轉頭一看，發現 Chris 還在慢慢培養感情，Chris 自個兒扭著他的自創舞步，兩人保持一段距離，連手都還沒碰在一起。擔心我這邊進度太快，我以買香菸與啤酒給舞伴為由，企圖換取一點休息時間。但啤酒一入喉，姊姊更是熱情。她把我的手抓到她衣服裡放，兩人的鼠蹊部幾乎是貼在一起扭動，甚至彎腰背對我，將她的翹臀不斷地朝我頂來。我不知道基於國際舞蹈禮儀，或者基於在地文化，我是不是該有任何「反應」才對，但是我當下只覺慌張不知如何接招，自然也就沒有任何反應，希望沒有因此失了國家的顏面，畢竟我也算代表臺灣，而這女孩這輩子可能也就只遇過我這位臺灣人而已。

最後酒意開始發作，腦袋逐漸昏沉，看著 Chris 那對已經打得火熱，也覺得今晚玩得夠盡興，便跟我的舞伴告別。她十分不解，為何我要獨自回家而不帶上她。「我家住很遠，可以給我點計程車錢嗎？」最後舞伴提出這要求，但我依舊沒答應，這只是一個想跟我要些錢的藉口。跟 Chris 說聲「Good Luck!」，踩著搖晃的步伐走回住處。

隔天醒來，回憶前一晚的狂歡竟感到有些不真實。「我真的遇到了 Chris 嗎？」燥熱的溫度讓我怎樣也無法跟夜裡的 Baracoa 相連。我又遇到了昨天那位難纏的黑人，但他這次打了聲招呼後，竟也沒再多說什麼，一點也不像他的作風，這更讓我懷疑昨晚的事只是一場夢。最後仍沒有遇到 Chris，倒是有不少古巴人向我開口喊聲「Amigo」接著說：「possible un dollar to....」（能否給我一塊錢去……），行動一致化到讓我覺得他們有一套跟觀光客要錢的標準流程。想起 Chris 昨晚說的，他覺得「Amigo」在古巴的意思就是「Idiot, give me money!」對此解釋，我真是再認同不過。

但也並非每位古巴人都是這樣，在 Baracoa 的這些天，有天早上，我看見一位老人坐在自家門前，獨自彈著吉他唱著歌。我向他拍了些照片，本以為他會跟我要些錢，結果沒有，他從頭到尾沉浸在自己的時光中，音樂不曾停歇，反而是我覺得自己像個惱人的外地人，打擾了他的美好時刻。

Guantánamo

何不來個古巴
情人呢？

　　步出車站，一位帶著金項鍊的年輕黑人已經在等著我，我跟隨著他上車前往民宿。關達那摩（Guantánamo）下著雨，我坐在後座看著車窗外的雨景，這台大紅色老爺車從裡到外都改裝過。我瞧年輕人一身亮麗行頭，手上拿著一支包上螢光綠果凍套的 iphone，心裡訝異於這樣一位古巴年輕人如何能擁有這些奢侈品。接著我發現他連汽車喇叭都改裝過，當他按喇叭時，發出的不是一般的叭叭聲，卻是一串獨特的旋律。想當然爾，他很享受於路上三不五時按喇叭，即使前面根本沒任何車子。

　　有首耳熟能詳的曲子《關達拉美拉》，這首原為古巴鄉土音樂家 Joseíto Fernández 於 1928 年編寫的鄉土民歌，流傳至今已經被改編為很多版本，歌詞中的「Guantanamera, guajira Guantanamera」意思為來自關達那摩的女孩，原曲講述的就是邂逅一位讓人難以忘懷的關達那摩女孩。此曲後來由古巴音樂家 Hctor Angulo 擷取何塞・馬蒂《Versos Sencillos》中的詩句編入歌詞，廣為在拉丁

美洲間傳唱,成了古巴的愛國歌曲之一。但最後為世人所熟知的版本,是由美國民謠歌手 Pete Seeger 於 1960 年代改編曲調的版本,也就是臺灣人耳熟能詳的版本。

　　但是我來此不是為了女孩,而是之前在 Holguin 幫助我找到 Daniel 的 Gabriel。手中的 Gabriel 手繪地圖看似簡單,不過實際到了當地才發覺關達那摩雖然是個小城鎮,但是整齊劃一的棋盤式街道加上缺乏顯著的地標,讓我有些迷失方向。但就這麼巧,我在路上遇到了出來晃晃看有沒有機會碰到我的 Gabriel。Gabriel 帶我回他女朋友家,那是一間老舊的兩層樓建築,從房屋內的擺設來看他們是戶普通的古巴貧窮人家。Gabriel 的女友去照顧生病的奶奶不在家,但是她母親熱情地與我聊天,即使我幾乎都聽不懂她的西班牙文。他們邀請我一起共用晚餐,席間 Gabriel 一直試圖跟我表達因為他們家很窮之種種,但我一直聽不懂他的意思。因為有 Agustino 這個前例,起初我還以為他是希望我能夠給他們錢之類,但最後才明瞭他是要表達他們家很

窮，對於無法招待我豐盛的晚餐感到很抱歉。我聽了鬆下心中的防備，也因 Gabriel 確實是個真誠的人而開心。

晚餐後 Gabriel 提議去外面的 CLUB，雖然他女友不在，但是女友的妹妹迪蘭可以跟我們一起去。在 Holguin 時，Gabriel 就曾提說如果我到關達那摩，他會將迪蘭介紹給我。原以為這只是玩笑話，沒想到 Gabriel 十分地認真。在前往 CLUB 的路上，Gabriel 不停問我覺得迪蘭如何，並特別跟我強調迪蘭不是黑人而是「Mulata」（黑白混血）。迪蘭今年 22 歲，身材纖細高挑，有著一雙明亮大眼。但是我來關達那摩是為了 Gabriel，只待一晚明天下午即離開前往 Santiago，並沒有打算在此交女朋友或者來個一夜情。對於 Gabriel 的問題，我只是回答說她是個漂亮的女孩，就沒有繼續多說。迪蘭不會說任何英語，對於我跟 Gabriel 的跛腳英語溝通，總是張著明眸雙眼好奇地聽著。

到了燈光昏暗的 CLUB 後，嘈雜的音樂聲讓我皺起眉頭，台上雖然是現場樂隊演奏著古巴音樂，但是喇叭音響平衡不好，再好聽的音樂都成了噪音。我們喝著飲料，此時樂隊演奏起《關達拉美拉》，Gabriel 隨著音樂擺動著身體，每當唱到「Guantanamera, guajira Guantanamera」時，便示意我看向有些害羞的迪蘭。Gabriel 整晚的話題顯然都在為我與迪蘭製造機會，他們對於我在古巴這些日子竟然沒交女朋友無法置信，不停地說「Why?」。或許對他們而言男／女朋友是生活必需品，不管我在自己國家有沒有另一半，但是來到古巴還是需要位女伴才行。最後 Gabriel 藉故離開，給我與迪蘭獨處的時間。迪蘭問了我一個問題，但我一直不懂她的西班牙文，最後她乾脆做出一個手勢：左手食指拇指成圈，右手食指則不斷插入的性交手勢。對於女性如此主動的跟我提出上床要求，我內心有些慌亂，一時不知道該怎麼回應，只好繼續假裝看不懂，幸好這邊燈暗她應該看不出我臉紅。迪蘭看我似乎還是不懂，便改問另一個問題。她問我是不是男同志，這個問題我倒是很堅決的向她搖頭，但她看了之後反而更困惑地看著我。

Gabriel 特意製造的機會顯然沒有達到他預想的效果，離開 CLUB 後我們

本想去另一個舞廳跳舞，但在舞廳門口猶豫許久後仍決定返家。深夜的街道，三人踏著各自的腳步，似乎都有著自己的心思。我可以感覺到他們在等我開口說什麼，但我只是保持沉默。到民宿門口時，我說聲再見後就直接走入民宿沒再回頭，深怕會看到迪蘭的眼神中有著什麼期盼。

　　隔天早上，離下午的車還有一些時間，我又去找 Gabriel，沒想到本該去上班的迪蘭也在家，她今天特地請假陪我在關達那摩的最後短暫時光。我們在街上隨意晃著，Gabriel 說昨晚迪蘭問，我是否不喜歡她？不然昨晚我怎會獨自回去而沒帶上她。聽了這令我哭笑不得的詢問，我跟他說迪蘭是位漂亮的女孩，但我沒有打算在這裡交個女朋友。也不曉得 Gabriel 到底有沒有聽懂我的意思，因為他仍然說我可以帶迪蘭一起去 Santiago，以後也可以用 email 聯絡感情。我只好將話題轉開，問他們的薪水大約多少？這一問的結果讓我相當吃驚，我雖然知道古巴人的薪水都很低，但知道實際數字後還是很難接受。

　　古巴實行兩種貨幣，分別是一般古巴人民使用的 Cuban Peso (CUP) 與多流通於外國遊客、旅遊業間的 Cuban Convertible Peso (CUC)，1CUC=1USD=25CUP。古巴人的薪資都是以 peso (CUP) 計算，迪蘭在一間私人公司工作，月薪是 345CUP（約為 14USD）。Gabriel 的女友在一間聾啞學校教手語，月薪為 360CUP。而 Gabriel 教街舞，一天的薪水則很少超過 6CUP。我以為只是剛好因為他們從事的行業薪水較低而已，但是 Gabriel 說他的父親是位建築師，月薪也才 400CUP（16USD）。當地啤酒一罐約為 0.8~1CUC，換句話說迪蘭必須工作兩天，Gabriel 則為五天，薪水才買得起一罐啤酒。當然不是每種工作薪水都這麼慘淡，外國遊客的消費大都是以 CUC 交易，收入也好上很多。這下可以理解為何有許多古巴人寧願成天遊手好閒，繞著觀光客打轉也不去工作。因為只要從觀光客身上要到 1CUC，他那天的收入就已經比普通辛苦工作一整天的人高上許多。

　　古巴的貨幣雙軌制始於 1990 年代，當時古巴陷入經濟危機，1993 年領導人菲德爾‧卡斯楚 (Fidel Castro) 批准美元在古巴境內流通，以挽救經濟困

境。這項政策實施一年後即被廢止，1995年政府發行與美元等價的CUC，古巴的貨幣雙軌制便從那時候開始。貨幣雙軌制也造成古巴境內兩種經濟：圍繞在觀光圈的人，與在觀光圈外的一般人。兩者因使用貨幣不同造成經濟收入不同，也使得古巴國內貧富差距嚴重，對於社會主義追求人民共享的古巴而言，似乎諷刺又荒謬。Gabriel說政府一直跟外界宣稱國家富足、人民安樂，但實際上人人卻是過得苦不堪言，他知道我是攝影師，於是請求我將古巴的實際情形公諸於世，讓更多人知道真實的古巴。「革命獨立很好，我也很愛我的國家，但是我痛恨這個政府……」他已經不知道是第幾位跟我表達類似想法的古巴人了。

大街上有間愛迪達體育用品店，我好奇地走進去瞧瞧，店裡的商品售價大致與臺灣差不多。迪蘭拿起一雙鞋，標價是78CUC，Gabriel在一旁看了說這雙鞋迪蘭要工作半年不吃不喝才買得起。但是我看店內仍有古巴人在櫃檯結帳，Gabriel說那些人都是有家人或情人在國外，才有辦法買得起這店裡的商品。

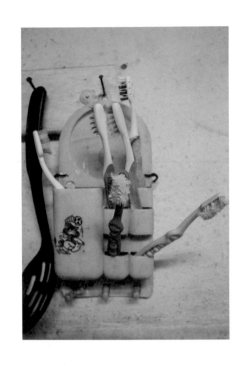

　　離開令人咋舌的體育用品店，我們決定走進一間店喝飲料休息。才坐下
沒多久，Gabriel 又藉故離開留下我與迪蘭兩人。我與她面對面不發一語也是
尷尬，試圖與她比手劃腳聊些天。但迪蘭的話題仍然圍繞著：我在古巴真的
沒有女朋友嗎？我是不是處男？不喜歡做愛嗎？她在我的筆記本上寫了一個
單字「Chingar」，也就是「fuki-fuki」的意思，她教我只要見到喜歡的女生
就湊上她耳旁說這個字。對於在古巴不管男女都在教我如何跟異性開口上床
這件事，我總是覺得無法理解。

　　迪蘭後來一直在重覆問一件事，我雖然聽得懂其中幾個單字，卻不確定
她想表達什麼。最後她牙一咬似乎下了什麼決心，在我的筆記本上寫下了一
段話。我用字典逐字翻譯的結果為「你想要一個古巴情人嗎？」這下我可懂
得她的意思了，但我不僅對迪蘭沒有任何情愫，也不曉得等會兒就要離開的
我，此時找個古巴情人有何意義？但是對迪蘭而言，我是個可以改變她生活的
外國人，她這位鄉下女孩還沒離開過關達那摩，往後也很難有機會可以爬到古
巴的經濟上層。有了我這位臺灣情人，不管將來能否嫁到臺灣，至少她可以有
些我資助的錢，用來買啤酒喝，或者，當她再度走入愛迪達店裡時，也能帶一

雙喜歡的鞋回家，不再只是看完價錢後就舌頭一吐地放下離開。我心下有些感慨，迪蘭是個不錯的女孩，但是在短短相處的一天一夜中，她一心只想如何把握住我這個外國人。當然不是因為她對我一見鍾情，因為我們甚至無法溝通。正當我煩惱著如何用迪蘭可以懂的方式拒絕她時，這時候 Gabriel 終於回來，恰巧解救我的困境。在回 Gabriel 家的路上，迪蘭顯得悶悶不樂，我也只好透過 Gabriel 跟迪蘭解釋，因為我即將離開，不知哪天才會再來，所以對於她的心意我也只能說聲抱歉。Gabriel 陪著我去車站等巴士，一樣是昨天的年輕黑人開著他的大紅色老爺車來接我到車站，下車後再付 5CUC 車資給年輕人，想到這位年輕黑人就這樣輕鬆的從我身上賺到 10CUC，我竟然感到一些不平的氣憤。考慮許久，也不確定這樣做對不對，在與 Gabriel 道別時我塞了一張鈔票給他。他顯得十分意外，看著手上的 10CUC 情緒有些激動。我跟他說錢給你的家人，這筆錢對於在旅行的我而言也不是小數目，但對你們家的用處更大。

爾後我們互相擁抱說再見，告別彼此。在巴士上時我不禁想：我們自以為的自由戀愛世代，是否也只是建立在經濟良好的基礎上，一旦環境陷入貧窮，那麼錢才是我們最好的對象。那麼所謂的自由，也只是一種假象。

Guantanamera, guajira Guantanamera

Guantanamera, guajira Guantanamera

Yo soy un hombre sincero

De donde crece la palma

Y antes de morirme quiero

Echar mis versos del alma

來自關達那摩 關達那摩的姑娘 來自關達那摩

我是個樸實的好人

來自棕櫚樹生長之地

在死亡之前

我要唱出靈魂裡的詩歌

Guantanamera, guajira Guantanamera

Guantanamera, guajira Guantanamera

Mi verso es de un verde claro

Y de un carmi¬n encendido

Mi verso es un ciervo herido

Que busca en el monte amparo

來自關達那摩 關達那摩的姑娘 來自關達那摩

我的詩歌帶著憂愁

也帶著炙熱

我的詩歌是隻受傷的鹿

要在山間尋找藏身之處

Guantanamera, guajira Guantanamera

Guantanamera, guajira Guantanamera

Cultivo una rosa blanca

En julio como en enero

Para el amigo sincero

Que me da su mano franca

來自關達那摩 關達那摩的姑娘 來自關達那摩

我栽種了一株白玫瑰

栽種於七月也栽種於一月

給予我誠摯的好友

他坦誠的手握住我

Guantanamera, guajira Guantanamera

Guantanamera, guajira Guantanamera

Con los pobres de la tierra

Quiero yo mi suerte echar

El arroyo de la sierra

Me complace mas que el mar

Guantanamera, guajira Guantanamera

來自關達那摩 關達那摩的姑娘 來自關達那摩

世上那些可憐人

我要與他們分享我的命運

山中的小溪

比大海更能撫慰我的心

來自關達那摩 關達那摩姑娘 來自關達那摩

Santiago

雨洗淨 Santiago
的塵土

　　Santiago de Cuba 是古巴第二大城，不像首都哈瓦那的浪漫懷舊氣息，這個城市擁擠嘈雜、街道充斥廢氣，騙子與暴力時有耳聞。雖然古巴是個對於外國人來說相當安全的國家，但是 Santiago 卻是個必須小心注意的城市。離開關達那摩前，Gabriel 的媽媽不厭其煩地跟我耳提面命，提醒我這裡有很多壞人。但不需旁人叮嚀，光接過民宿主人 Ariel 交給我那一大串十多把的門鎖鑰匙，我就知道這城市治安不比其他地方。因此，頭一次古巴的街頭不再讓我感到放鬆自在，每當後頭傳來摩托車的聲響，我就會抓緊包包，靠牆回頭看。這裡的摩托車比古巴其他城市都還多，而飛車搶劫更是這邊惡名昭彰的特產。但 Santiago 並非全然醜陋，由於靠近其他加勒比海國家，此處文化融入更多海地、牙買加等國的元素。雖然看似混亂些，但換個角度是更加多元些。而白天令人煩躁的街道，在午後雨水洗去大部分的喧囂後，華燈初上時卻變得魔幻動人。可以看到當地人搬出簡易球網、拿出破舊的足球，馬路立刻成了球場。街燈在遠方閃耀，溼濕的街道映照出一條星光大道，這時赤腳在街頭踢球的古巴人，可比任何球星都更加迷人。街頭足球是我最常在古巴看見的國民運動，至於棒球則幾乎沒在街頭見過。我問過一些人關於棒球，他們總是以「喔～棒球是國家運動」這種饒富興味的回答回應我。絕大數的古巴人都知道臺灣，也是因為棒球的關係。是否古巴的棒球跟台灣一樣，雖然身負爭取國家榮耀的任務，但是與一般民眾的生活並不貼近呢？

　　Ariel 的太太準備了豐盛晚餐，讓我在屋頂與另一位房客 Luis 一同享用。Luis 在葡萄牙教拉丁舞，18 歲時他第一次來古巴，從此與 Salsa 結下不解之緣。這已經是他第七次來古巴，每次他來的目的就只有跳舞及以舞結友。

身為一位古巴老鳥，Luis 自告奮勇地要帶我去熟悉附近的街道。我們來到 Parque Cespedes 旁的咖啡館，選一個可以一覽整個廣場的位置坐下。Luis 雖然不高，卻有一張精緻迷人的臉龐，總是帶著燦爛笑容，像個小太陽一般。

享受完短暫的咖啡時光，我們起身離去，Luis 要去參加一個 Salsa 研習營的舞會，我則是要走回民宿。離開時，看見一旁的飯店門口排了許多打扮入時的年輕男女，看來這裡也有個舞會，但令人驚訝的是，在排隊人潮中我看見 Chris 了，我竟然有一種他鄉遇故知的興奮感。Chris 耳聞今晚 Santiago 有兩個最好的舞會：一個是 Luis 正要去參加的 Salsa 舞會，但非研習營學員無法進入；另一個就是在這間飯店頂樓舉行。Chris 請我一同跟他排隊，但是門票早已售罄，到底能不能入場他也無法肯定。見到 Chris 第一件事就是關心 Baracoa 那晚後來的發展，他說那幾天他都與那黑人女孩待在一起，女孩甚至還帶他見家人。Chris 用上一連串艱澀的英文單字來形容女孩不可思議的身材，我雖然聽不懂，但也明白他們有過一段非常美妙的性愛時光。「但是……除了身體之外，她的腦袋幾乎是空洞的。」Chris 表示那女孩雖然沒跟他要錢，但要替她買單整天的菸酒開銷。女孩沒有謀生能力，他們之間除了身體沒有任何的心靈交流。「她的生活彷彿就只是靠陪遊客為生。」Chris 說。但是他仍念念不忘女孩的肉體，因此今晚來舞會的用意就是找新的女孩幫他忘記舊的。沒排上太久，飯店人員就示意我們兩人進去，不必跟其他古巴人在外頭苦候。在這國度，外國人總是有些特殊待遇。

大城市的舞會果然比較氣派，不單比 Baracoa 的舞廳多了許多燈光效果，來舞會的人看來都是古巴的上流階層。一開始是歌手的 Live 演出，途中還穿插美女走秀。但這些節目不是我們的目的，當暖場演出結束後，現場 DJ 接手放起節奏強烈的音樂，現場男女紛紛跳入舞池中，那時才是我們所等待的時機。在舞池內，偶爾會有女人拍我肩膀示意我過去，但 Chris 告

誠我這類主動靠近的女人，大多只是想來騙錢。但環顧四周打扮入時的男女，我開始懷疑 Chris 今晚是不是可以順利找到獵物。但不知不覺，身後的 Chris 已經和一位黑人女孩跳起舞，看來他今晚已經找到目標。

我離開舞池去廁所，回來時不見 Chris 蹤影。還以為他已經捨棄我與女孩先離開，最後卻是在圍牆邊找到了他，神情看來有些不開心。Chris 說剛才那女孩要他請她喝啤酒，於是他給了女孩 10CUC，但女孩竟然買了 5 瓶啤酒，拿去請她的朋友喝，並且也沒將剩餘的錢還給他。這件事讓 Chris 很生氣，他不停地說，平常他是很精明的，知道那種主動靠近的女人千萬別理，但是今晚一直找不到目標因而喪失判斷力。他嚥不下這口氣，突然說：「Let's go to fight!」就前去找剛才的女孩。那女孩與朋友們坐在一起，她們之中沒人會講英文，也可能只是裝不懂，面對憤怒的 Chris，女孩只是雙手一攤表示沒錢，沒有任何還錢的意思。Chris 乾脆拉了椅子，就坐在女孩的旁邊，不停地重複對她說：「Give my money back!」我坐在 Chris 的旁邊，看著這一切，現場沒有任何古巴人會幫我們，知道錢是要不回來了，但我也知道 Chris 在意的並不是錢。或許到樓下找飯店門口警察是唯一的方法，卻也不想將事情搞到那地步。我們就這樣一直守在她旁邊，女孩可能也沒有想到今晚竟然惹到這麼位鍥而不捨的德國人，整晚哭喪著臉。最後女孩起身去廁所，我跟 Chris 心裡有數她要藉機尿遁，但也任由她離開。果然直到舞會結束，女孩都沒有回來。

我們兩人隨著最後的人潮一同走出飯店，Chris 的心情已經恢復平靜，一位古巴人靠過來說要帶我們去找女人，卻被 Chris 大聲斥責拒絕，他今晚已經沒有任何興致。我們坐在廣場上聊了一下，才告別對方各自離去。或許哪一天，我會在某個場合再度遇到 Chris 這位酒肉朋友也說不定。

Santiago

我所拍下的，
都是我沒看到的

　　民宿老闆 Ariel 一早就來敲門把我叫醒，他想一盡地主之誼帶我到街上走走。拖著睡眠不足而昏沉的腦袋，與他走過大半個 Santiago 中心，對於街道沒留下多少印象，反倒見他不停對街上的女子送秋波、吹口哨，對象可能是風韻猶存的女人，或者跟他女兒年紀相仿的妙齡女子。Ariel 說如果他太太在身邊，他可就不能這樣做了。我想這就是為何他說自己很喜歡獨自逛街的原因。

　　曾經在一本談論旅行的書上讀到這麼一則故事：一位去古巴學 Salsa 的女人說，在古巴街頭男男女女擦肩而過會互相打量彼此，這種交流沒有任何「把」或「色」的意圖在，而是對他人的身體表示公開的欣賞。而她自己在學完 Salsa 後，也更勇於將自己日漸性感的身體，在街上放送。但看過 Ariel 的行為後，我想或許那女人將一切幻想得太浪漫些，因為我所看到的情況是：大部分女性對於 Ariel 的行為都十分不領情。但他倒是自得其樂，眼睛依舊毫無保留地直盯他覺得美麗的女人，像隻貓頭鷹地轉動脖子般追著她們的身影。

　　晚上隨 Luis 去參加 Salsa 舞會。雖然這舞會只限參加 Salsa Fesitivel 的學員，但 Louis 靠著他的魅力幫我向主辦人要到入場許可。舞會在飯店的俱樂部中舉行，80 位來自於國外的學員，加上主辦單位搭配的 80 位當地舞伴，總共有一百多人同時聚在這舞廳內。Luis 先教我基本的四拍舞步，他強調只要你會動，就會跳舞。首先要放鬆身心，隨著音樂找到屬於自己的律動。在我試著找尋自己的律動時，一旁的女服務生似乎看不下去，走過來示範臀部如何性感地扭動。但是 Luis 跟她強調我只是位初學者，送走了今晚第二位想要熱情出手相助的服務生。看我已經逐漸掌握到感覺後，他就進到舞池和朋

友們跳舞，我一個人跳得有些無聊，後來就找個地方坐下，欣賞成對的男女在舞池內跳舞。Salsa 的肢體接觸是很親密的，儘管裡頭共舞的人大都不是情侶，但是他們都能夠彼此貼近，共舞出親密又有默契的舞蹈。我想那必須建立於對彼此的信任，才能盡情地享受其中樂趣。不像大多數人整晚都跟同一位舞伴跳舞，Luis 整晚不斷地換舞伴，他與同一位女孩頂多只跳兩首曲子。他說跳舞是他與其他人溝通的方式，所以他喜歡和不同的人跳舞，感受、接收不同的氣息。當他跳舞時，散發著一種享受當下生命時刻的燦爛光芒，連我也看得入迷。

我在一旁看著別人跳舞，卻也覺得平靜開心。人與人之間總要來些碰撞，讓自己不寂寞。而那些在舞池中的人，正不斷激盪出舞動的火花，神情顯得愉悅滿足。

舞會在十二點鐘結束，但精力旺盛的年輕人仍感到不滿足，吃喝著大夥

轉戰別處繼續。一大群人離開飯店，浩浩蕩蕩在大街上移動。有人帶著隨身喇叭，在夜半的街頭大肆放送音樂，舞步不曾停歇。最後來到一間速食店，大夥蜂擁進去，也不管仍在用餐的客人，空間就這麼被有人數優勢的我們占據，音樂一放、拉開桌椅，立刻將速食店變成自己的舞廳。我想年輕是一朵顧著自個兒燦爛盛開的花，還不懂得顧及旁人。

此刻，我已經完全成了一位置身事外的旁觀者，走到玻璃門外，與外頭恢復寂靜的街道相伴。夜越來越深，一位古巴女孩纏著 Luis 不放，非要得到他的吻才肯放他走。但他技巧性的閃過女孩送上的吻，哄了那女孩許久才脫身。他有自己的原則，「況且這不是我的風格」他說。

也不知曉到了幾點，大夥終於打算回家。前頭的人走過馬路中央時，跳舞的興致一來，又放起音樂，向 Luis 揮手。Luis 也立刻放下手上的東西，跑過去與其中一位女孩共舞。一對男女在漆黑又發亮的馬路上跳舞，冷色

調的街燈襯托著背景，這個時刻是真實的浪漫。拿出包包內的相機，我想拍下這一幕，但是電力已經在剛才用盡，不管再怎麼嘗試，都已無法擠出一丁點的能量。

　　人們或許不知道，許多我拍下的照片，其實都是我所沒看見的時刻。當我按下相機快門，反光鏡彈起，快門簾接著打開讓光線進入感光元件，但此時我卻因彈起的反光鏡遮蔽而眼前一片黑，所以我所記錄的是我所沒有看到的那一個片刻。電影《白日夢冒險王》有一幕，當班史提勒所飾演的華特，跋涉過千山萬水終於在喜馬拉雅山上找到攝影師「尚」時，尚當時所說的：「當那最美好的時刻發生時，我不按快門，只享受那個時刻。」或許相機在這個時刻沒電，正是要教我這個道理。

　　自此後，每當走在午夜的街道上，我偶爾會想起那一個片刻，以及一對男女正在共舞的身影。

Isla de la Juventud

金銀島

　　17 小時的車程沒有想像中難熬，巴士從 Santiago 出發，每經過一個大城鎮都停靠，在睡覺、下車、上廁所、上車不停交替後，終於抵達被清晨曙光喚醒的哈瓦那。一下巴士，攔了輛計程車繼續趕往機場。「你是要去 Nueva Gerona 找女朋友嗎？」司機沒來由地問道。沒等我回應，他又繼續解釋，通常要去 Nueva Gerona 的男人都是因為在當地有女朋友。我第一次聽到這種說法，心裡不禁浮出問句：「難不成我將要去的『青年島』是個情婦之島？」

　　雖然 Viazul 巴士終於沒出狀況，但這下卻換成 Aerocaribbean 航空的飛機故障。大夥只能在候機室等一班不曉得何時起程的飛機。古巴人似乎已經習慣，這個發條鬆弛的國家，現場沒有一絲不滿情緒，大夥雖然無事可做，但仍各自靜靜地等待。而我，則開始玩起「假裝時間不存在」，因而想讓時間快轉的遊戲。

　　終於，在下午六點搭上飛機，半小時後降落在 Nueva Gerona 機場。飛機著地的剎那，客艙響起如雷掌聲，奮力拍手的乘客是慶祝終於抵達或者安全降落？或許

兩者都有吧。一出機場就又搭乘一輛殺價失敗的計程車往南前進，來到位於機場外 40 公里外的 Colony 旅館時，已經傍晚七點多。跟櫃台人員報上我的名字，瞥眼看到海面上的餘暉，顧不得登記程序還沒完成，拿起相機就往沙灘走去。平靜的海水如鏡面一般，是我從未看過。這海才是我來這島的目的，看著海天一色的景色，心想這 28 小時的交通時間都值得了。

早上潛水中心的車到旅館來接我。潛兩支氣瓶含午餐的價格是 100CUC，身上現金有些不足，便詢問能否用信用卡支付。雖然可以，但他們沒有與中央連線的刷卡機，必須打電話到銀行進行支付程序，花了不少時間才解決。一切準備就緒拿了裝備，我們上船前往 Punta Frances。在警察的監控下，潛水船駛出港口。脫離警察的視線後，大夥像解放一樣，蔚藍的大海使人心曠神怡，我們坐在船頭聊天，但這航程比預想的久，沒多久說話聲就漸漸消失，大夥各自進入夢鄉。

我在海風的吹拂下睡著，不知睡了多久，醒來海的顏色已經改變。不再是一開始的暗綠色調，而是一種筆墨難以形容的亮藍色，就像是小時候畫水彩，會拿來畫大海的顏色。看著海發呆了一會兒，後頭傳來潛導的喊聲，已經抵達 Punta Frances，我們這幾位躺在船頭休息的潛客可以到後面準備裝備了。

　　老潛導向我們這幾位外國潛客講解這次潛水計劃、海底地形，語調不急不徐地，深怕我們遺漏哪個注意事項。我已經迫不及待想下水，大海讓我的心跳撲通撲通地，催促著我快點投入她的懷抱。終於等到下水時刻，眾人依序從船尾入水。潛導確認所有人安全下水後，做出下潛手勢，我們洩掉浮力控制背心裡的空氣，沉入到另一個無重力的藍色世界。

　　Punta Frances 號稱是潛水客來古巴最值得造訪的潛點，但這地區只有一間潛水中心，這兩天也只有我們四位潛水客，冷清的海域似乎有違這潛點的稱號。在此潛水已有 31 年的老潛導說，以前這裡曾有 11 間潛水中心，每天約有 90 人潛水。但後來因為加勒比海其他地區潛水興起，導致這裡逐漸沒落。「這 31 年來改變很多」他説。

　　皮膚還眷戀著海中水溫，鹽巴仍殘留在髮梢。浸了兩天海水，不捨地離開 Colony 旅館前往北邊的 Nueva Genora，青年島的首府。青年島過去也稱作金銀島，十九世紀的小説家史蒂文森所寫的《金銀島》，其故事背景部分

就來自這裡。在加勒比海海盜活躍的年代，這島曾經是海盜們棲身的天堂，傳言現在島上仍埋藏著未被世人發現的寶藏。但在城鎮內閒晃一圈，海盜的足跡早已消逝，也察覺不出任何一絲情婦之島的端倪，暗笑自己的過多想像。騎著腳踏車，決定往鎮外騎去。這台腳踏車雖然又舊又不起眼，但是民宿老闆千交代萬交代要我記得上鎖，並且不能讓它離視線太遠。在物資短缺的外島，腳踏車就算再破爛，也仍是許多宵小覬覦的交通工具。

　　離開城鎮往東邊前進，騎了幾公里後，瞧見路旁有位穿著鮮紅短褲的小男孩，手中拿著繩子，躡手躡腳地由後方朝一匹黃馬接近。小男孩小心翼翼地接近黃馬，就怕驚動了牠。等到接近牠身旁，將繩子往黃馬脖子上一套，左綁右綁，繩子瞬間變成一付韁繩。接著他翻身到馬背上，但還沒來得及拉緊韁繩，野性未除的黃馬立刻發狂往前奔跑，一人一馬一溜煙地從我眼前消失。我擔心男孩會不會被甩落地受傷，也騎著腳踏車追上去。找了好一會兒，才發現黃馬跑進一處民宅，小男孩正試圖將牠帶出庭院。但一離開民宅回到馬路，黃馬立刻又帶著男孩消失在道路另一頭，而我也再找不到他們的蹤影。

　　看完一場實境馴馬秀後，繼續騎車往五公里外的模範監獄（Presidio Modelo）前進。這座曾關過古巴前領導人菲德爾・卡斯楚（Fidel Castro）的監獄已經廢棄。在綠色的草皮上，四棟圓形黃色監獄像衛星一樣，圍繞中間的集會堂。監獄內部六層樓，中間像燈塔的建築是警衛看守台，其中二到五樓為牢房，每層有 93 間牢房。牢房所有鐵閘欄早已移除，只剩空蕩蕩的水泥隔間。屋頂瓦片損壞大半，陽光從破洞中灑落。數完一圈又一圈的牢房，這些除了一致的牢房編號，許多牢房牆上都留有不同訊息。可能是詩句、繪畫或者地圖，究竟是曾經的囚犯所留，或是後訪遊客到此一遊的留念，無從知曉。我沒想特意尋找卡斯楚待過的牢房，倒是想在此打個盹，躲避外頭火辣的太陽。但監獄裡頭涼風陣陣，吹得溽濕的背脊發涼，加上附近不曉得哪裡傳來夜梟聲，心頭竟開始感到不安，看來我是無法在此安心休息了。離開監獄，毒辣的陽光依舊，燥熱的空氣襲來，就算沾到什麼孤魂野鬼的魂魄，也都該蒸發消失了吧。

La Habana

再返哈瓦那

　　計程車再次開進熟悉的哈瓦那街道，心裡有些忐忑不安，飛機延誤兩小時抵達，但我卻無法通知 Wilfredo，現在已經是深夜，他還在約定的地點等我嗎？在計程車轉進一個漆黑的街道時，車燈掃出一個孤單的身影，我趕緊下車。「Wilfredo！」聽到我的呼喊，他那原本下垂的眼眸迅速變成一雙彎月般的笑眼，「大家都跟我說你不會來了，但我知道你一定會依約出現。」Wilfredo 開心地說。我企圖跟他解釋為何遲到，但他一點也不在意原因，只想快點把我帶到民宿，好讓我早點休息。

　　隔天早上 Wilfredo 帶著他的弟媳 Nina 一同來接我，他帶著我們到了一處外國遊客鮮少造訪的海灘。Nina 來自群山圍繞的 Viñales，她從小沒離開過村落，這是第一次看見大海，海洋的遼闊讓她既感動又畏懼。她當然是不敢下水的，而我也只想懶懶的躺在椅子上。只有 Wilfredo 一人在海裡游泳，而我們兩人則躲在椰子樹的陰影下，偶爾才不情願地起身移動躺椅，繼續躲避移動的陽光。

　　入夜後，我隨著 Wilfredo 腳步，往他位於五樓頂的祖父家前進。前一陣子他搬到這裡方便照顧他生病的祖父。Wilfredo 的祖父年輕時是軍人，參與過許多戰事，他與切‧格瓦拉以及菲德爾‧卡斯楚都是朋友。Wilfredo 看我瞧著牆上的舊照片，向我解釋著。但不管年輕時有多輝煌過，如今已是遲暮之年的祖父，行動不便，他的世界只剩這個頂樓。

　　用完晚餐，Wilfredo 遞給我一根香菸，猶豫一下，仍是接了過來。他知道我不抽菸，但他說我現在是古巴人了，該做些古巴人都會做的事，他今晚情緒有些激動。我小口地吸著菸，免得自己嗆到。幾口酒下肚，音樂響起，Salsa 時間開始了。Wilfredo 的姊姊——也就是我的第一位 Salsa 舞伴，已經到別的城市工作，所以今晚舞伴換成 Nina。晃蕩古巴一圈，臉皮已增厚不少，我牽起 Nina 的手，眼神示個意，我們就踏入音樂中。我的視線緊盯著彼此雙腳，就怕沒抓牢音樂的節奏。但幾個八拍後，想起我該關注的應該是舞伴才對，將低垂的視線從地面抬起。纖細的雙腿、平坦的小腹、微突的乳首、滑落幾

道汗水的細頸、帶著雀斑的臉龐，最後來到 Nina 明媚的雙眸。我感到臉頰發燙，為了掩飾我的窘境，我將 Nina 帶著轉圈，一圈再一圈，轉得她有些招架不住又笑顏燦開。一旁的 Wilfredo 看得直拍手，問我去哪學的 Salsa。

將 Nina 交還給她先生後，我繼續喝著蘭姆酒。Wilfredo 替他姊姊轉達，等我下次來古巴的時候，能不能替她帶台二手相機。我允諾了，不料卻引發連鎖效應，Wilfredo 的祖父希望我買個刮鬍刀給他，而奶奶也從房間裡拿出個藥盒，希望我回臺灣後可以替她找到相同的止痛藥。屋內的人一一來向我說他們的需求，突然間，我彷彿成了神燈精靈，我這位從另一個國度來的人可以完成他們的所有願望。而 Wilfredo 更是在大夥都回房間後，低聲告訴我，他祖父得了肺癌只剩幾個月生命，每晚他聽著爺爺咳嗽不停，心裡十分痛苦。我回臺灣後，可不可以幫他找到治療的藥物，「多少錢他都願意付，只要能拯救祖父的病情。」他強調地說。

我聽了心內十分複雜，一方面是感嘆古巴雖然醫療舉世聞名而且就醫免費，可是西藥資源缺乏，所以即使知道病情，但卻缺乏藥物治療。另一方面，考量各種因素，我實在是難以對這件事出力。不過看著 Wilfredo 盼望的眼神，當下還是說了我會試看看。

　　酒一杯一杯下肚，Wilfredo 醉意也越來越濃。他不斷地重複著只要能治癒祖父的病，其他一切都不重要，每隔五分鐘，他就要與我擊掌一次。大夥都知道他醉了，但卻不曉得該拿他怎麼辦。最後在我向他告別不下十次後，他才放我回民宿休息。

　　隔天我去敲 Wilfredo 的房門，才把他從宿醉中喚醒。在哈瓦那的最後一點時光，我想再到舊城街區走走，順便買他祖父想要的刮鬍刀，這是唯一一件我有機會完成的願望。他拿出包包內的一張紙給我看，那是我與他 eamil 通信的記錄。他說當有警察來盤問他我們是什麼關係時，這可以作為我們是朋友的證明，不然單一條騷擾觀光客的罪就能讓他吃不完兜著走。

　　到最後，我仍然沒買到刮鬍刀。對此 Wilfredo 倒是無所謂，他說其實他祖父已經有五把刮鬍刀，但可能是生病的關係導致性格有些異常，總是吵著要新的刮鬍刀。直到我坐上計程車前往機場，Wilfredo 都沒再提起替他祖父找藥的事情，彷彿前一晚的事他全已遺忘。我鬆了一口氣，但也感到有些愧疚。

　　真的告別 Wilfredo 與古巴了，搭上一輛依然沒有空調的計程車，邊冒著汗，邊吹著外頭的熱風，哈瓦那的街道在車窗外倒退，我腦海中的舊城區地圖，可以維持多久呢？

Cuzco

高原上的印加
古都庫斯科

　　頭腦沉重地醒來，張眼望著陌生的天花板，不曉得自己身在何處。剛才在夢境中我似乎乘坐著小飛機，欣賞著廣闊的黃色大地與不可思議的納茲卡線，只不過小飛機左傾右擺，讓我胃裡翻騰。這時腦袋的不適感，難不成是我把夢境中的暈機感帶到現實中了嗎？發愣了一會兒，記憶終於按照時序連結回來：昨夜搭乘夜車從納茲卡（Nazca）小鎮來到海拔 3400 公尺的庫斯科（Cuzco），一夜無眠加上輕微高山症反應，一碰到青年旅館的軟床我就立刻昏睡。釐清事情始末後，雖然仍有些不舒服，但是看著窗簾縫透入的陽光，還是使勁把沉甸甸的腦袋從枕頭中拔起。

　　庫斯科曾經是印加帝國的首都，石材工藝發達的印加人，在這裡留下了屹立數百年的石造建築。這樣一座石頭城的基調是黃棕色，搭配上高海拔地區特有的蔚藍天空，有種既陳舊又迷人的味道。走出青年旅館，陽光燦爛，踏在有溫度的石頭路上，才爬上一個小坡，就讓人氣喘噓噓，看來身體還沒適應高海拔的稀薄空氣。走進一間小餐館點了杯熱呼呼的 Coca 茶，希望能讓自己舒適些。茶所使用的 Coca 葉是煉製古柯鹼的原料，在這隨處可見店家販賣，當地人會直接咀嚼它們，據說有提神、鎮痛的功效，而以 Coca 葉浸泡的茶，則有舒緩高山症的效果。

　　喝完暖入心房的茶後，腳步放慢繼續在巷弄內探險。小巷雖然吸引人，但也潛藏著危險。離開古巴進入秘魯後，走在街上我已經必須隨時提高警覺，畢竟一個東方臉孔的單身背包客很容易成為目標。在秘魯首都利馬（Lima）時，我就曾經被老街區吸引，一直往更為破舊的巷弄走進而不知危險，若非路人出聲示意制止我繼續前進，我可能還不知那是塊危險的區域。我判斷一個地方安不安全的準則，通常是看路上有沒有人低頭滑手機，但是這些巷弄大

多空無一人，這方法並不適用。這裡青年旅館的員工開玩笑地對我說，如果相機被偷，隔天去黑市就可以找到了，我想竊案在這裡是家常便飯。

　　遠處傳來行進樂隊的樂聲，循聲來到武器廣場。某項慶典正進行著，聚集了許多穿著傳統服飾的遊行隊伍。我在人群中鑽動，試圖搞懂這是什麼慶典，也尋找著拍攝畫面。當中三位抱著小羊站在牆邊，穿著鮮豔傳統服飾的少女吸引我的注意。拿出相機，本想在不被注意的狀況下拍攝，但是其中一人眼尖發現我的意圖，她立即帶著另外兩位少女走到我面前，擺好姿勢讓我拍照。

　　這樣的畫面已經不是我想要的，也知道她們待會要做什麼，但還是按了幾張。果然，拍完她們即上前索取拍照費用。我掏錢掏得有些不甘心，倒非小氣不願付錢，只是這類裝扮自己販賣予遊客的觀光肖像，我一向無興趣拍攝。而且看

來她們也跟這慶典無關，只是因為今天遊客多，所以到此賺些觀光財。拿出 5Soles 給她們後，順便問道今天是什麼慶典活動，女孩卻說只是個周末都會有的平凡活動罷了。

　　然而這個女孩口中的平凡周末活動，到了隔日星期一仍持續進行著。遊行隊伍走進大街小巷內，鑼鼓喧天直到入夜，形式跟臺灣的廟會出巡倒也蠻相像的。後來我才終於知道這是天主教慶祝聖母誕生的慶典活動，這慶典不只在庫斯科，後來在玻利維亞的 Coroico 也見到，看來這慶典舉行的時間也因地方而不同。

　　為了取得玻利維亞簽證，我來到一間藏在住宅區內不起眼的辦公室。玻利維亞政府只承認中國，在臺灣未設立辦事處，因此到庫斯科的玻利維亞駐外辦事處，是最方便快速取得簽證的方法之一。走進辦公室，我將準備好的資料呈上，辦事處的女士問我來自哪個國家，我答說：「Taiwan」。但是在她的表格上，臺灣是歸類在中國底下。於是她說：「Oh, China.」我聽了後便向她強調 Taiwan 不是 China。但是當我遞上護照，她一看到護照封面上『Republic of China』字樣，就以一種「你在辯解什麼」的語氣說：「It's China.」。我沒有繼續解釋下去，簽證許可仍掌握在她手上，與她發生任何衝撞都是不智。國家這個名詞，往往都是在國外時，體會最深。

上帝滴落的白
色顏料

　　從庫斯科出發的一天旅遊行程，不管是
Chinchero 小鎮、Moray 的印加遺跡或是沿
途 Sacred Valley 景致，都有各自迷人之處。
最後來到 Maras 的鹽田，此處的山泉水富含
鹽份，1000 公升的水約可曬製出 12 公斤的
粗鹽，加上乾雨季明顯的氣候型態，古時候
印加人便利用這些特性順著山勢築出這大片
鹽田。但在海拔三千多公尺的高山上為何會
有飽含鹽分的泉水湧出？根據推測，這裡原
本是海底，因為數百萬年來的造山運動，將
原本是海底的地層推成高山，至於山泉水是
從前的海水或是流經鹽礦的地下水，則不得
而知。遠看這些白色鹽田，就像是上帝在作
畫時，不小心滴落在山谷的白色顏料。

　　我與剛認識的印尼女孩，一前一後的走
在鹽田之間。三個多小時前我才以「妳長得
好像我大學學妹」這個聽似老梗招數（但的
確是事實），向坐在我身旁的她搭訕。經過
幾個小時的相處，現在我們已經成了一起行
動的兩人團體。她是阿布達比航空的空服員，
燦爛的笑容，眼睛像似會說話，有時覺得她

比四周的景色還更迷人。但我們接下來的目的不同，短暫的邂逅也快走到終點。

在鹽田只待了一小時，導遊即開始吆喝大夥上車，我和她一同走回巴士，但我沒有上車而是到車底行廂取出我的大背包，跟導遊說我不隨車回庫斯科，打算在此脫隊自行走路下山，前往另一個城鎮 Ollantaytambo。導遊起初擔心我迷路，不願答應，最後拿出一張紙寫了聲明書，內容是說我自願脫隊，後果自行負責，請我在聲明書上簽上名後才放我走。坐在巴士上的印尼女孩，透過車窗驚訝的看著我，問我要去哪？我笑著跟他說我要繼續往下一個城鎮前進，不一起回庫斯科了。聽完我的回答，她揮揮手說：「Goodbye Wen! Take care!」我也揮了揮手，道別這位沒聯絡方式，甚至連名字都不記得的短暫旅伴。

順著小徑穿過鹽田下山，雖然身上背著極重的行囊，對於前方的路途也沒有把握，但是一個人漫步山谷的喜悅感足以蓋過心裡的不安。白色的鹽田從山上或山下看，各有不同風貌，我邊拍邊走，不到一小時即走到山腳下，行經住著幾戶人家的小聚落時，一位翻過柵欄，正要越過小溪的小女孩引起我的注意。她跑到我前方的草地，從地上撿起一個娃娃背在身上，也許她正玩著一個人的扮家家酒遊戲。她注意到我的存在，明眸大眼咕溜地看著我，我作出拍照的手勢，先詢問她能不能拍照，然後拿起相機拍了幾張。拍完後，她走向前來指著我的背包，咿咿呀呀地說些我聽不懂的話，或許是希望我能給些什麼回饋吧。實在是不想給這麼年幼的小孩金錢，幸好背包內有些餅乾，是我買來當作應急乾糧。我卸下背包開始翻找，小女孩好奇地站在一旁看，看到我拿出餅乾她開心地接過。我看這時與她的距離更近，又拿起相機對著她拍，而她一看到相機，竟又定住不動看著鏡頭。是疑惑、好奇，或是一種被相機制約的自然反應？我無法猜出。

她朝另一頭房子的方向呼喊，兩個與她年紀相近的小男孩跑了出來，以為是叫他們也來跟我要餅乾，卻是小女孩要將手中的餅乾分享他們。

三個臉頰紅通通的小孩分著餅乾食用，眼前這畫面很吸引人，但我按耐住想再拿起相機的慾望，告訴自己剛才已經拍足夠了，不要再打擾她們此時的開心時刻。這只是一趟個人的旅行，旅行中的拍攝不為其他都是為了自己，拍著可愛的小孩或者服飾特別的當地人，都只是在滿足自己，甚至不自覺地把對方當作奇珍異獸來看待，這樣的拍攝沒有交流。而拍完照片後轉身走人，我得到好看的照片與眾人的讚賞，但對於被攝者而言，我卻是個闖進他人生活片刻的陌生人，拿著先進的照相盒子，喀擦喀擦按下快門後就消失，這無疑是種不平等對待下的單方面獵取。

　　告別小孩繼續往前走，走過一條吊橋後，終於回到主要馬路。向路旁幾位同樣是在等車的婦人確認 Ollantaytambo 的方向後，就開始隨意攔車碰運氣。我不曉得何種車可以帶我到目的地，幾乎是只要有車經過我就伸手，過了 30 分鐘後終於攔到一輛當地的小交通車，跳上坐滿當地人的廂型車，雖然得站著但也開心。半小時後到了 Ollantaytambo，這個比庫斯科小許多但卻更迷人純樸的印加小城。跳下車拍拍略微痠麻的雙腿，心裡不禁有些得意，只要試著邁開雙腳、揮揮雙手，旅程就可以有些驚喜，是吧？

Machu Picchu

天空之城

　　熱水鎮往馬丘比丘首班車發車時間是清晨五點半，提前 15 分鐘等車，沒想到排隊隊伍已經長達三個街口。昨天這裡整天大雨又冰刨，此時雖然雨停了，但天空仍被厚重的雲層覆蓋著，我不禁擔心馬丘比丘上是否仍下著雨。

　　晨間溫度冰冷，乘客包裹著厚重外套，巴士沿著 Z 字形山路往上爬升，當車子大迴轉，引擎發出的怒吼聲似乎提醒著我們，這單趟 10 美元的車資可是很划算的。窗外的天空出現亮光，離日出時間已經不遠。天氣好轉讓我既開心又著急，開心的是不用在雨中與馬丘比丘相見，著急的則是不曉得我能否趕得上日出時刻。忽然間，馬丘比丘出現了，坐在窗旁的阿姨用手將起霧的玻璃擦一擦，對著車窗外的馬丘比丘說，真美。我的目光緊盯著遠方那些石塊建築，後頭傳來許多衣服摩擦聲，我知道大家都跟我一樣，正挪動身體、伸長脖子地想朝外一探究竟。

　　進入園區後，以最快的速度往上衝，雖然來得有些晚，但幸運的仍找到一處角度不錯的位置。試著歪頭 90 度看馬丘比丘古城，果然看到一個清楚的側臉。此時陽光已經點

亮後方的山頭（或者說那張側臉的鼻尖），而前方的馬丘比丘城還沉睡著。太陽移動的速度比預想的快，突然間，一道金色光線照上馬丘比丘，亮麗地在眾人眼前現身。就像一個在昏暗舞臺上等待最佳時機的主角，當聚光燈打在她身上時，立刻出場令人驚艷。這時四周無語，只有此起彼落的快門聲。

太陽升起後，人潮開始變多，遊客逐漸往馬丘比丘的主要建築區內移動，而我則是往遠方的馬丘比丘山前進。馬丘比丘山位於南側，每日限制800 人上山，相較於另一處熱門搶手，總是一票難求的瓦納比丘（Huayna Picchu），馬丘比丘山的門票卻很少完售。其主因大概是攀爬到其山頂是一段艱苦的路途，所以令許多遊客卻步。

抵達檢查站登記入山後，嘴巴塞上幾片 Coca 葉，開始進入無止盡的上坡階梯，隨著後頭的馬丘比丘越來越遠，雙腳開始顯疲憊，我總算明瞭為何熱水鎮上有那麼多按摩店。路程到後面，就算我努力嚼著 Coca 葉，但還是感到力不從心。已完成攻頂與我擦身而過的人都會說些加油打氣的話，從「You can make it.」、「It's not far.」、「It's really close.」一直來到「5 Minutes.」，最後我幾乎是手腳並用地爬到山頂。登頂的喜悅、開闊的視野、底下的烏魯班巴河，以及遠方被群山圍繞的馬丘比丘，心情整個舒暢。山頂的聲音很單純，鳥聲、樹葉沙沙聲以及遠方的火車聲，此外一切悄然寂靜。一位遊客在使用 GoPro 運動攝影機自拍時，失手讓攝影機掉到山壁下，他懊惱的說重點不是攝影機，而是裡面的相片。我可以體會他的心情，因為我也掉了一台 GoPro 在蘭嶼的海底。

心情輕鬆愉悅的下山，看到其他上山的人面目猙獰，想來我方才也與他們差不多，現在換我向他們說些鼓勵的話。回到馬丘比丘後，坐在駱馬附近的草地休息打盹。駱馬不僅可做食用，早期也是當地重要的馱獸。放養在這的駱馬是馬丘比丘的活招牌之一，牠們已經習慣好奇的遊客，對人群視若無睹。只有在牠聞到你背包內麵包或是香蕉的味道，才會向你靠近，想討來吃。

馬丘比丘的房舍朝東建造，在上午，東邊昇起的太陽把房舍染上一層金色光輝，但下午的陽光照射的是不同的部分，頹圮毀壞的坡牆成了主角，這是與印象記憶中不同的馬丘比丘。走到靠西邊的高處，席地而坐任時光流逝，在園區關門前離開馬丘比丘，徒步走回熱水鎮，結束這美好的一天。

第二天早晨，我在相同的時間來到馬丘比丘，但這天明顯比前一天冷清許多。或許是下雨的天氣，讓其他人忙著躲雨去了。雖然沒有日出可看，但馬丘比丘四周湧起白色雲霧，像一層捉摸不定的面紗，讓它的輪廓時而清晰，時而模糊。這時座落在雲層之中的馬丘比丘，成了一座名副其實的天空之城。

七點多後雨勢停止，躲雨的人群也開始現身。我移到另一處靜靜欣賞著這千變萬化的時刻，或許待會陽光會出現也說不定。一團雲霧飄到我們這處，眼前伸手不見五指，遊客卻趁這時機在禁止飲食的馬丘比丘裡大啖自己的早餐。

等上好一陣，雲霧還是沒有消散的跡象，心想我看過馬丘比丘的兩種面貌，已心滿意足。於是決定早點下山，連另一處的太陽門都不去了。但是當我走到入口處附近時，發現另一邊的雲霧已經散去，轉頭往太陽門的方向看去，光線已打上那裡。雖然覺得有些可惜，不過昨天爬山的疲憊還沒消去，還是決定告別太陽門，繼續往山下走。

在來此之前，我有些擔心馬丘比丘會不會讓我失望。因為我對於湊熱鬧的大景點朝聖沒興趣，來馬丘比丘又必須花上不少旅費。但是這兩天下來，深深覺得是值得的。當你看到這樣一個人類遺跡坐落在群山之中，內心只有讚嘆。再者，馬丘比丘不單是只有我們所熟悉的那一個刻版樣貌，可以有很多種方式接近、認識馬丘比丘。在前往與告別馬丘比丘的路上，你不停體驗著，最終得到的，不單只有一個遺跡城市的畫面。

尋找羊駝

　　我第一次聽到羊駝（Alpaca）這動物，是從一位朋友口中，她的夢想是到羊駝的原產地南美洲尋找牠們。那時候南美洲對我而言是一個遙遠的國度，臺灣尚未有人引進羊駝，而「草泥馬」這種別稱也還沒出現。但在 2008 年澳洲塔斯馬尼亞島上的荷巴特（Hobart）街上，我比朋友早先一步看到羊駝。一位留著聖誕老公公鬍子的老爹，牽著一隻精心打理過的白色羊駝，在大街上行走。我看到他們爺倆時，差點笑到岔氣，這種既可愛又滑稽的動物我竟然從未看過。後來那位朋友結婚生子，一直未能實現她的夢想。而我就像是承接了她越來越遠的夢想一樣，自此到南美洲親眼看見羊駝生活於高原上的樣子，也成了我心底的夢想清單之一。

　　青年旅館的年輕老闆 Aydee 聽到我詢問關於羊駝的資訊後，她建議我可以到庫斯科外的一個小鎮 Pisac，在那裡我應該可以找到羊駝。於是我乘車翻過美麗的山脈來到 Pisac。這是一個坐落在溪流旁的小鎮，走完一圈只需二十分鐘，鎮旁的印加遺跡是大多數遊客前來此地的目的。在廣場上我看見追逐遊客的小朋友，她們的打扮與我在庫斯科遇到的三位少女一樣，身穿紅色傳統服飾，懷抱小羊，一見到遊客就湊前詢問要不要拍照，以換取一些金錢或食物。只不過她們的衣著較為破舊，年紀也十分幼小。小孩帶著小小孩出來討生活，看了有些於心不忍。

　　鎮裡鎮外我都已繞上一遍，就是沒發現任何羊駝的蹤影，Pisac 鎮內沒有羊駝，當地人告訴我可以在鎮外一處叫 Cochahuasi 的動物保育園區找到。我終於在那裡看到了牠們，蓬鬆的毛上彈跳著陽光，表情依舊讓人發噱，耗了一天的疲累在此時無影無蹤。這個園區不僅有羊駝也有駱馬，兩者同屬偶蹄目、駱駝科，長相容易被混淆，若要簡單區分牠們的差別：體型前者較後者小、毛量前者較後者多、臉孔前者較像羊；後者較像馬。或者我的分法是，長得比較好笑的就是羊駝。

　　隔日早晨，告別親切的 Aydee 後，搭上往 Puno 的巴士。Puno 與庫斯科距離 400 公里，連接兩城的 3S 公路沿途景色壯闊美麗，若搭直達巴士不停歇地直奔 Puno 未免有些可惜，因此我選擇搭乘另一種會沿途停靠一些地點的觀光巴士，腳步放慢一點，景色多看一些。巴士離開庫斯科後，先是在 Andahuaylilas 停下，讓乘客參觀鎮上古老的天主教堂。接下來，就進入廣袤的黃色大地，一路上都是海拔 3000 公尺以上的高原，外頭的景色讓人目光捨不得離開車窗。而羊駝也開始出現。

　　整趟公路的最高點是海拔 4350 公尺的 La Raya。此處視野遼闊。兩邊是綿延不絕的高原景色，鐵路貼著大地往遠方延伸，遠方山腳則有大群放牧羊駝，一個個低著頭專心吃草。若非巴士只在此地短暫停留，我就要飛奔去找牠們了。

　　下午五點多，巴士抵達海拔 3900 公尺的 Puno，南美最大的 Titicaca 湖泊展現在眼前，由秘魯與玻利維亞兩國各自擁有湖泊部分。抵達這裡，就表示著我即將跟秘魯說再見了。

Isla de Sol

太陽島——
太陽誕生地

　　離開 Puno 跨過兩國邊境進入玻利維亞，來到 Titicaca 湖另一側的 Copacabana。小鎮的街道上散放著稀疏的旅人，悠閒的步調、溫暖的太陽，讓人很放鬆。與 Puno 漫著汽車廢氣的街道相比，這裡宛如天堂。午後，順著湖邊的小路往遠方的山坡前進，希望能與牧羊人和羊群巧遇。後方的城鎮越來越小，最後爬到一處山坡的頂端，玻利維亞的 Copacabana 與秘魯的 Yunguyo 都在眼底，湖水有如大海一樣遼闊。在印加傳說裡，海拔近 4000 公尺的 Titicaca 湖是宇宙的中心，太陽與月亮在此誕生。

　　早晨來到碼頭，搭上前往湖上太陽島（Isla de Sol）的船。呼嚕呼嚕的引擎聲發動，陽光將濺起的湖水照得發亮，乘客在湖水上舒服地擺盪著。一個半小時後來到太陽島南邊的 Yumani。步下船，抬頭向上看，瞧見山坡上一間旅館，扛起背包開始費力地往上爬。70BS 一晚的房間，除了擁有一個面東的好視野外，其他不值一提，但這也已經足夠。不過真正的理由是，我已經累得不想再扛著背包去找其他住宿。

　　原本想發懶一整天，明天再去島上的印加古道健行。但是窩在房內終究感到心裡不踏實，告訴自己好歹得出門散個步，「附近找個制高點看看風景就好。」我對自己說。

　　離開房間，順著一旁階梯往上走，穿過村落，沒多久我就迷途了。試著

與當地人雞同鴨講的問路，結果是越走越偏，已經完全走到沒路徑的區域。
索性翻過山頭到另一頭瞧瞧，接著我遇到 Kevin，他打算順著印加古道走到
島上北邊，詢問我願不願意與他結伴同行。我不擅和陌生人打交道，大部分
時間都喜歡自己獨處，但是既然都越過山嶺來到這邊了，那乾脆繼續走到島
上北邊的 Challapampa 後，再搭船回到南邊的 Yumani 也不錯，於是我們兩
便結伴同行。

Kevin 年紀約 40 歲，斯文有禮、說話不疾不徐，你所想像得出關於英國
人的刻板印象，在他身上大概都可以找到。雖然無法用流利的英文與他溝通，
但一路上從彼此旅行計畫、愛爾蘭公投到兩岸關係，倒也是聊個不停。Kevin
的口頭禪是「interesting」不管是聽到、看到、摸到或想到什麼，總是可以
從他口中不斷蹦出這單字。「interesting」可以是他說話的開頭、結尾或表
達贊同、疑問。

　　這條位於島上中央，連接南北的古道，景色從東邊覆蓋著白雪的高山，到西邊遠方的秘魯城市 Puno，盡收眼底。三個小時後抵達北邊，我們在一團亂石中瞧出了美洲豹的形體。據聞 Titicaca 湖的名稱由來就是來自這裡，因為 Titicaca 即為美洲豹的大石（Puma's Rock）之意。可惜的是，我們另一個有興趣的太陽廟（Temo de Sol）卻早已不存在。完成古道健行後來到湖邊的 Challapampa，原本想找地方休息，等待回 Yumani 的船。但今天 Challapampa 已經沒有船到 Yumani，換句話說我們必須靠自己走回去。拿出地圖，選了一條沿著東岸看似較短的路線往南走，沒想到這條路線卻是上上下下，越過一座又一座山。雖然四周景色依舊動人，但我們已沒心思欣賞，只希望能趕在天黑前回到住處。不然一入夜，氣溫急速下降，可就麻煩了。

　　這路徑幾乎沒有任何指標，我與 Kevin 走錯幾次路，浪費更多時間。太陽越來越接近湖面，心情也更加擔憂。兩人之間開始沉默，「interesting」

這字眼已許久沒從 Kevin 口中吐出，取而代之的是「Take a break.」而且出現的間隔越來越短。每當以為該是最後一座山頭，翻完卻又看到另一座山頭在前方時，我看著他鐵青的臉，猜想他會生氣嗎？因為這條路線是我決定的，我心裡懷抱著不安。

終於在天黑之前回到 Yumani，緊繃已久的氣氛在我們看到城鎮時散去，雖然累得雙腳發軟，但我們對於徒步環島一圈的成果都有些得意。隨著太陽消失，這座誕生太陽的小島也陷入冰冷黑暗中。家家戶戶門窗緊閉，像擔心屋裡的燈光溜走似的。在漆黑的村落裡，Kevin 找不到他想帶我去吃的餐廳，便隨意找了一間尚在營業的餐廳。小小的餐廳，沒有電燈，只有蠟燭與瓦斯燈充當照明兼取暖。今天爬山時看到許多村民趕著驢子到山下去取水，在這島上不僅是電力，連乾淨的水源對他們而言都不容易。

或許是燈光加上氣氛，Kevin 此時竟然流下淚水，說他想起了在倫敦的母親。我聽了默然不語，覺得此時任何話語都是多餘。期待許久的披薩終於送上來，兩個人安靜地啃著披薩，不發一語。此時若嘴巴停止嚼動，我們可能就會立刻睡著。算是患難與共的一天，彼此已有些革命情感，吃完披薩，應該繼續喝酒聊天，因為待會告別，就不知道何時能再見了。但是看著對方已經筋疲力盡的表情，我們有默契的決定回旅館睡覺才是上策。

離開餐廳，與 Kevin 道別後，我被眼前的星空震懾。滿天的星斗與清晰可見的銀河，流星偶爾劃過，遠方雲層也不時亮起閃電，好美。但是氣溫實在太低，還是提著不曉得是冷還是累得發抖的雙腳，趕緊回到旅館房間鑽進棉被。

La Paz

The Death Road

　　La Paz——海拔 3600 米，玻利維亞的行政首都，同時也是世界最高的首都。從 La Paz 連結東北邊的 Coroico，路程約 100 公里，出 La Paz 後翻過海拔 4650 公尺的公路制高點後，開始一路下降到海拔 1200 公尺的 Coroico，地形氣候也從高原轉為雨林。其中位在永加斯（Yungas）山區連接 Coroico 的一段路，稱作北永加斯路（North Yungas Road），道路崎嶇不平、車道寬度不足且缺乏護欄，沿路可見路旁有十字架，表示著曾有車輛在此處翻落。這條被稱作世界上最危險的公路，有「Death Road」之稱。如今在國道三號完成後，鋪上柏油的現代化道路大大增加行車安全性，除此之外，在永加斯山區也開闢一條新路徑，以避開原來的危險路段。

　　在 La Paz 車站找了前往 Coroico 的 minibus，一台不比福斯 T4 大的車子，連同駕駛塞進 16 個人。玻利維亞人身材普遍福態，隔壁的阿姨一坐進來，立刻把我的臉擠向冰冷的車窗。離開 La Paz 後，沿著國道三號一路爬升，在昏暗的夜色中，我似乎看見路旁積著一團團白色色塊。「不會是雪吧？」我心裡想。觀察了一下，真的是雪，窗外的雨勢已經轉為下雪。意料之外的雪景，心裡擔心大於興奮，因為結冰的路面可是很容易打滑。果然，沒多久就看到對向下山的車道，一台已經翻覆在山溝裡的 minibus。

　　車子繼續前進，窗外的雪勢越來越大，地上的積雪也越來越厚。最後車陣塞住了，原來是前方車子在積雪的馬路上失控打滑，導致所有車輛動彈不得，大夥只能坐在車上消耗著彼此的耐性。好不容易等到前方車子移動，這下卻連我們的車子也開始打滑，失控滑向對向車道，就要掉進山溝。車上的男丁只得下車，合力把車推回原來的車道上。大雪紛飛，外套布滿白色雪花，

有的人拿出鏟子在輪胎前慢慢鏟出一條路，也有的人像我們一樣推著偏離車道的車子。整個交通因為這場雪打結，車子困了三小時後，才從這段下雪的區域中脫困，抵達 Coroico 時已是半夜。

在 Coroico 只停留一天，繼續前往 Rurrenabaque。在太陽島遇到的 Kevin 告訴我，他在那裡的亞馬遜叢林中度過很難忘的幾日時光，因此我才把原本不在計畫內的 Rurrenabaque 排入行程。但我第二天才等到往 Rurrenabaque 的巴士，第一天我在鎮外的 Yolosita 路口枯等一下午，最後卻得到巴士已經開走，司機忘記停車接人的錯愕答覆。巴士公司說我可以選擇退費，或者明天再來等。即使一肚子火，也只能選擇這個選項明天再來等巴士。

等上兩天的巴士終於到來，一台外觀破舊的藍色巴士，上車後更覺慘不忍睹。車上雖然乘客不多，但是卻很難找到可以坐的位子，因為剩下座位的座椅都已損壞。勉強找到一個位子，椅背內的金屬骨架已經露出，但是用衣服墊一下還可湊合著坐。往 Rurrenabaque 雖然一樣是走在國道三號，但是

此段路況極為不好，巴士行駛在坑坑洞洞的泥土路上，把我三不五時地從椅子上彈飛。

入夜後，巴士在黑暗中前行，窗外滿天的星星，車內天花板反射著巴士自身的燈光，像是乘坐著在宇宙中飛行的太空梭一樣。但是巴士依然碰碰跳跳地前進，路況糟得遠超出我預期。天空的星星退去，雨開始下，濃霧瀰漫。路旁出現土石流的痕跡，而另一邊則是沒有護欄的山谷，在與對向車子會車時，心臟都不免蹦蹦跳。以為在這樣的情形下我會睡不著，但卻還是迷迷糊糊地進入夢鄉。

醒來後，手錶顯示著 12 點，巴士停在路旁不知怎麼回事。車上的駕駛下車拿著手電筒在車旁查看。一會後，大概了解目前狀況：巴士經過這一片滿是泥濘的路段時，陷入泥沼開始打滑，於是只能停下來。就跟前幾天遇到下大雪的情形類似，只不過這次是大巴士，積雪的路面換成泥濘的道路。車上只有一些老弱婦孺，恐怕推不動這輛大車，而我相信大家也不想下車去弄得

自己滿身汙泥，至少我是自私的這麼想。外面仍下著雨，駕駛沒有適當工具，只能用一根鐵鑿慢慢挖開輪胎前的爛泥，不曉得要挖到什麼時候才能脫困。

後來前方出現一輛巴士，朝這邊開過來。那輛巴士進入泥濘區時，車身也開始打滑，雖然駕駛努力的控制車頭，但是車尾還是一直往我們的車甩過來。後來在兩車距離不到一公尺時，巴士停了下來，一同困在泥濘裡。不過對方的巴士上有鏈子，司機下來鏈泥巴，沒有多久就排除困境。他們離開後，將鏈子留給了我們的司機。在有工具的幫助下，困了兩個多小時的巴士終於再度上路。我不禁對巴士的駕駛感到敬佩，在這期間沒聽到他發出不耐或著急的語氣，只是靜靜地把事情解決，最後滿身泥巴的回到車上，或許他們早就習慣遇到這類狀況。

在天空微明的亮光下，又被震醒的我看見外頭景色已經是叢林樣貌。綠色植被覆蓋的大地，兩旁是茅草屋頂的民房，就像越戰電影中看到的叢林村落景象。17 小時的折騰，終於到達 Rurrenabaque。下車後，沒有終於抵達目的地的喜悅，我的人生意義已經在這段路途上給震光。這段漫長的路途都是同一位司機駕駛巴士，除了佩服他的體力驚人，更替我的人身安全感到擔憂。想到回程還得經歷一次，我的心情就如同此時的天空一樣死氣沉沉。最後，再也顧不得我那已經單薄的荷包，掏出 610BS 買了張回程的機票，飛機只要 40 分鐘不到就可以回到 La Paz。買完機票走出旅行社，心情也變得開朗起來。

Parque Nacional Madidi

前進亞馬遜叢林

　　小船順著 Beni 河往上游走，離開 Rurrenabaque 進入 Parque Nacional Madidi 的範圍內。這種在雨林就地取材製作的的小船，船底以單一塊樹木當骨幹，旁邊再由幾片木板加高船舷，形成寬度不足一公尺，長度卻達六到八公尺的細長小船。

　　兩個多小時後上岸抵達營地，所謂營地是指一塊空地，與幾座帳篷的地方，這三天我將住在這裡。雨林嚮導吉米是一位身材壯碩的當地人，除了他還有一戶四口的家庭也住在這，其中長子迪亞哥還只是個少年，但是他對於雨林卻知悉甚多，這幾天都跟著我們一起行動。

　　吉米先是帶我們去看老鷹，順便拜訪一戶獨居叢林內的家庭。房屋為了因應雨季來臨時河水暴漲而設計成高腳屋，屋外有許多飼養的動物在散步。不見男主人，只有一位害羞的老奶奶站在門口與吉米講話。老奶奶容顏布滿風霜，陽光灑落在她身上，這是一幅讓人想拍下的畫面。我還在觀察，但同行的西方人已經有兩位拿起相機大喇喇對著她。或許是覺得受侵犯，老奶奶一見到相機立刻退入門內的陰影，將半個人藏在門後。但是過了一會兒，當她又站出來時，那些人又拿起相機對著她，她又再次退入門後。這樣一來一往幾次，老婆婆軟性的抗議似乎沒有讓那幾個年輕人理解，最後索性站在屋內不出來。

　　我沒拍她，但拍了一直在她裙邊的黃狗。

　　離開後，其他人結束行程回 Rurrenabaque，只剩我跟著吉米回到營地。進到雨林半天，悶熱的天氣已經使我滿身黏膩汗水，吉米要我帶上盥洗用具一起去洗澡。以為有簡易浴室，但是他卻是帶我走到河邊。看著挾帶厚重泥

沙的黃色河水，一方面懷疑這水只會越洗越髒；另一方面也擔心裡頭的鱷魚。但是吉米與狄亞哥已經脫光衣服，在河裡搓洗著身體。看來我也沒其他選擇，脫下衣服也走進河水裡。若忽略河水顏色，沁涼的河水倒也是洗得暢快舒爽，只是上岸後衣服與毛巾不免都帶了泥沙，泛著黃。梳洗完，他們也順便裝上兩桶溪水帶回營地，我想這河水應該只是拿來洗滌碗盤用。

在太陽下山前，吉米帶著迪亞哥與我，以及一隻叫拉烏的狗，划著一艘船底破洞會進水的船出去補魚。迪亞哥人站在水中，將魚網順著流水放出，然後逐步往前趕魚，吉米則拿起石頭丟入河裡幫忙趕魚，而我不曉得該做什麼，只好不斷地將船內的水舀出去。第一次下網網到一條魚，從那長相兇狠，尖銳的牙齒看起來絕非善類。

太陽下山後，我們划到一處開闊河面，大家分好釣餌後就開始釣魚，入夜時分是最好的釣魚時機。四周仍有許多蟲鳴鳥叫，河面也偶爾傳來魚群翻水的聲響，少了人類的喧囂，此刻沉靜安詳。幾次，我的魚線略有動靜，不過整晚也僅止於此，我沒有釣起任何一條魚。但迪亞哥倒是釣到兩隻大魚，最後一共帶了四條魚回航。回到營地時已近午夜，吉米開始做起晚餐。帶回來的魚當然成了菜色之一，而那下午裝回的泥水竟然也被用來煮飯泡茶。

煮沸後的河水，壺底沉澱著砂石，喝起來帶有一種說不出的特殊韻味。在河裡洗澡、吃河裡的魚、喝河水，在城市生活已久的我，生活早已經和河流無直接關聯，但來到這營地的第一天，就已經讓我與這黃濁的河流產生許多連結。

隔天早晨，森林籠罩著一層霧，走在迷霧的小徑中，聽著鳥鳴聲。從早到晚，不同的聲音在這座雨林裡接力放送。霧氣在太陽出現後消散，天空露出藍色蒼穹，熱度再度上升。吉米帶我走進叢林尋找動物，他偶爾會模仿動物的叫聲，企圖引誘牠們更靠近。這招有時候管用，但有時候卻是反效果，讓動物逃得更遠。在叢林裡走了五、六個小時，雨林中陽光被層層樹葉擋住，難以辨認方位，我早已分不清東南西北，有時順著先前走過的小徑，有時則新闢小徑，雨林遍地藏著生機，腳踩過的落葉底下都是一個豐富的生態系統。

夜晚，吉米又帶我去探索叢林，尋找美洲虎。夜色中沒有月亮，也可能只是被樹葉擋住，偶爾有螢火蟲飛過附近。有時我們會把燈光熄滅，原地靜待數分鐘，再打開手電筒搜尋四周。關掉手電筒時，眼前陷入絕對的黑暗，只能勉強辨認出吉米的白色上衣，這種黑暗讓人恐懼。當附近樹叢傳來聲響，我不

曉得是什麼動物在附近，擔心將燈打開後，會不會一隻美洲豹已經貼在你的眼前。這一個小時的夜探叢林最後沒能發現什麼，我似乎跟亞馬遜雨林的動物們緣份不大，但我跟雨林的蚊蟲們緣份卻不淺。因為即使我塗上再多的防蚊液，也阻止不了那些飢餓的蚊子們在我腳上留下數十個又腫又癢的傷口。

　　最後一天回 Rurrenabaque 的船上，看見遠方一片烏雲隱約挾帶大雨朝船這邊過來。這艘船有雨棚，應該不需要擔心。但船伕似乎不敢大意，拿出兩張大帆布蓋住行李，同時將自己的身體蓋住，並示意我躲進他身旁。原來這場雨不僅雨勢驚人，同時夾帶著狂風。將頭伸出帆布外想一看究竟，立刻被橫掃的雨水打得一頭濕。船身也被強風吹得直退且嚴重傾斜，讓人擔心會不會待會就翻船了。幸好這場雨來得快，去得也快，前後才十五分鐘後，天空又恢復晴朗好天氣，剛才的大雨就像老天開的玩笑。

　　午後的陽光讓人昏昏欲睡。靠在船上看著兩岸，有人下網捕魚、有人洗澡戲水。親身體驗過三天的雨林生活後，此時不再覺得這條黃濁的河毫不起眼，而是孕育著許多生機的美麗河流。

Salar de Uyuni

天空之鏡

　　吉普車左轉離開馬路，闖進一片黑漆的大地。沒有道路、沒有指標，車燈光線在前方不遠就被夜色吞噬。像是半閉著眼開車，失去方向感，也不曉得車子會往哪去。半小時後，車子緩了下來，小心翼翼地停在一片積水區。換上雨鞋，下車踏上水深至腳踝的地面，凌晨氣溫低，即使穿著兩層襪子，但刺骨的冰冷仍從腳底傳上來。這是我這兩天以來第三次來到這片積水區，在這個乾旱季節，鹽湖的水早已被陽光蒸發殆盡。但是當地旅行社深知許多遊客來此地就是為了一睹「天空之鏡」的面貌，乾涸的鹽湖可當不成鏡子。所以即便在乾季，當地司機也會想盡辦法找到一片尚未乾枯的積水區，滿足這些不辭千里慕名前來的人。

　　我們來此的目的是觀看日出景致，此刻的星空是附贈的禮物。蘭嶼達悟族的語言中，他們稱呼星星為「天空的眼睛」，但這時眼睛可不只在天空，地面也閃爍著數不盡的眼睛。不過沒多久東方天空開始露出魚肚白，眼睛也漸漸一隻隻閉上。黑夜轉為靛藍色，一望無際的鹽湖終於露出它的樣貌，與天空結合形成純藍色調的畫面。雖然沒去過冰天雪地南極大陸，但此刻我感覺像是已到了那裡。

　　其他人眼看日出將至，也離開車內來到外頭。剛才他們一下車就凍得受不住，看一眼星星就躲回車上取暖。或許有些可惜，因為他們已經錯過方才的魔幻時刻（Magic Hour）。魔幻時刻——指的是日出前、日落後的一小段時間，此時太陽雖然在地平面下，但是天空卻有機會出現絢麗的雲彩光線，宛如魔幻空間。景像往往比日出、日落還迷人。

　　昨日下午來看天空之鏡日落時，司機事前跟我們說天氣不好，可能不會有漂亮的日落。抵達時果然雲量偏多，天空偏灰，積水被風吹起漣漪不斷，

沒了反射天空的效果，最後只見到一個只能說是普普通通的日落景色。但我還期待著在日落後的魔幻時刻，果然在日落後不久，原本平淡無奇的天空就像是一張浸入顏料中的畫布，桃紅、金黃、紫紅等顏色從西邊日落消失點，開始向外擴展，最後渲染了整片天空。地面反射著絢麗的光澤，我們彷彿置身在一個奇幻時空中，那時的景象難以言喻。

該如何欣賞、感受這遼闊又失去時間感的天空之鏡美景？見大家紛紛拿出相機、手機，不停地拍照、自拍，留下各種曾經來到此地的印記。拍過一輪後，這時不做任何事似乎會讓自己感到不安。於是得再想些新的動作、不同的自拍角度，繼續拍上一輪。拍夠了，也代表看夠了。一連串拍下來，彷彿大家重視的是自己在照片裡的不同變化，場域只是個陪襯。出門走到不同的地方，看到的還是自己。

我也看似一直拍照，相機架在腳架上，眼睛望向遠方。雖然我有個攝影師身份的好理由，但其實我並非真的一直在拍照。架著腳架的相機像是一個警告標示，告訴旁人我在進行攝影的神聖儀式，請勿打擾。如此一來，我就可以專注在這個當下，觀察那些隨不同時間、光線細微改變的景色，偶爾按個快門，或者什麼事都不做。我用什麼態度感受 Uyuni 鹽沼？我想，照片就是我所留下的話語吧。

Laguna Verde

玻利維亞的
絕美之地

　　車內的人嘰哩呱拉講個不停，我難得可以參與討論，因為這輛吉普車除了司機 Ivan 以外的都來自臺灣。旅行路上從沒遇過臺灣人，許久沒有講中文，找了一間在亞洲人裡知名的旅行社，就是希望可以遇到幾個臺灣人，沒想一口氣就遇上五個。接下來的日子，我們要一同乘著這輛車離開 Uyuni 進行一段三天兩夜的旅程。

　　第一天的行程都在鹽湖的範圍內，景色雖美，但是讓大夥最驚異的卻是司機 Ivan 的攝影技巧。下午在鹽湖一處地點停車，一望無際的白色大地已經看了整日，這裡四周絲毫無特殊之處，不曉得為何而停。但 Ivan 神祕兮兮的拿出哥吉拉、超人、蜘蛛人等模型，他將模型放著趴在地上，拿出手機蹲低不停地微調角度，並指示我們大家依著他的指令做動作。原來他是要利用鹽湖廣闊無際的地形拍攝錯位照，當我們看到照片裡所有人被哥吉拉追、與超人稱兄道弟……等趣味照片時，莫不捧腹大笑。這種利用物體遠近、大小拍攝的錯位攝影，在他的手上發揮出各種創意無限的影像，連我試圖想模仿卻也沒能學到其精隨。

　　第二天我們離開 Uyuni 鹽湖區，往南開。高原氣候乾燥，車內外都是黃沙飛揚，空氣帶著塵土的味道。雖然缺乏植被覆蓋，但是大地並非單調乏味。黃棕系的不同色塊，讓遠方的山脈成為美麗的千層景象。放牧的駱馬隨處可見，早已不稀奇，倒是 Vicuña 成了我們的新寵。Vicuña 身體為褐色，體態苗條修長，若與近親的駱馬、羊駝相比，Vicuña 身材就有如模特兒一般。Ivan 說 Vicuña 毛柔軟如絲，是最上等的毛料。野生的 Vicuña 警覺性甚高，幾次停下車想捕捉牠們的身影，但都只能拍下牠們逃離的背影。幾小時後，抵達一座鹹水湖，大群紅鶴在湖內生活著，與白色的土地、藍色的天穹，交織出強烈的視覺效果。其實紅鶴出生時是白色，因為吃進含有大量甲殼素的藻類，所以體色才轉為紅色。

　　空曠的大地上，突然出現一隻狐狸，坐在路旁像是久候我們多時，司機 Ivan 將車停下。我想起《小王子》中的狐狸。Ivan 示意我們留在車上別輕舉妄動。他下車走到後車廂拿出早上沒吃完的麵包，朝著牠擲一塊過去。麵包落在牠眼前不遠，狐狸立刻上前叼起麵包，接著跑向遠方享用。Ivan 說他每次都會在這路段上看到這狐狸，坐在路邊等車，等人類餵食牠。看來，這隻狐狸也跟書裡寫的一樣，被人類豢養了。

　　第三天早晨在前往海拔五千多公尺火山的路上，一輛吉普車因為爆胎停在路旁。Ivan 見狀停車，下去幫忙換上備胎。但是在前車順利排除狀況離去後，卻換成我們的車發不動引擎了，只見 Ivan 四處找水加進水箱，這次換成我們後方的車停下來幫忙。我不確定這些司機們彼此是否本已熟識，但是在這樣人煙罕至的高原地區長途移動，車子拋錨是家常便飯，彼此互助合作是很重要的事。我們在車上等待著，我並不擔心這狀況，因為這不是自 Uyuni 出發後第一次拋錨，我想也不會是最後一次，相信 Ivan 可以解決各種突發狀況。只是從昨日開始，車底便不停傳來「扣扣」聲響，可能是排氣管已經鬆脫，若不趕快處理好，等排氣管破掉，到時回壓不足馬力降低，可能就無法應付這些高山。但 Ivan 應該比我更清楚，擔憂也沒什麼用。

　　雖然我並不是特別喜愛溫泉的人，但是離開火山後，看見一座結冰的湖面，另一側竟同時存在著冒煙的溫泉，心中仍不免興奮。兩日沒洗澡，已經滿身灰塵。赤腳踏過結冰的地面，鑽進火山溫泉中。水溫 39 度 C，水質清澈乾淨，身心都被洗滌乾淨。帶著冒著白煙的身體，離開溫泉繼續上路。

　　最後我們來到「Laguna Verde」，意思是綠色的潟湖，也是路途上唯一一個沒有紅鶴居住的湖泊。這裡再往南過去就是智利，來到這景點後，就要一路往北返回 Uyuni。我們在這個景點停留比預期還久的時間，因為 Ivan 又在修理車子。回程路上，經過一段碎石路段，Ivan 來不及避開一顆大石頭，輾過石頭的車子用力彈起落下。底盤傳來一聲巨大的撞擊聲，接著引擎聲變得十分異常。Ivan 下車俯身查看，我們問他一切 OK 嗎？他說不太 OK，但是可以繼續開車。我擔心的事終究是發生了，排氣管在這次的撞擊中撞破大洞，但好消息是我們已經在回程路上，接下來都是相對平坦的路。轟隆轟隆作響有如法拉利的吉普車，最後在傍晚時順利回到 Uyuni。跟結識三天的五位臺灣人道別，又將一個人獨自旅行，接下來要進入阿根廷了。

Humahuaca

入境阿根廷
西北高原

　　要如何親身感受一個國家的國力，我想馬路是最直接的。從玻利維亞邊境城市 Villazon 進入阿根廷 La Quiaca。沒在 La Quiaca 停留，繼續搭乘巴士前往 Humahuaca，但巴士一上路不久我就覺得有些不對勁，想了一會才知道原來是車子行駛得過於柔順平穩，一點震動都沒有。已經習慣玻利維亞坑疤不平的路況，對於重新獲得舒適的乘坐感，竟然有些感動。

　　阿根廷西北高原地貌大致延續著玻利維亞南部高原的樣貌，乾燥、荒蕪、塵土飛揚，從 Humahuaca 順著九號公路往南這一段就是列入聯合國教科文組織世界遺產的 Humahuaca 峽谷。抵達 Humahuaca 後，入住一間生意清淡的青年旅館，除了我之外，只有另一位韓國人。韓國人一見到我，開口就一串韓語問候，我趕緊跟他說我是臺灣人。倒不是因為我長得像韓國人使人誤會，而是他在南美旅行已經快一年，這段期間遇到的亞洲人不是來自韓國，就是日本，而我看起來並不像後者。他說我是這 11 個月以來所遇到的第一位臺灣人。其實從這些年來的旅行經驗就發現，韓國不只在經濟、手機、棒球上領先臺灣，他們的足跡也早就走得比我們更遠，與他們相比，我想我們停滯不前的不只是薪水而已。

　　韓國人叫 Bok，大學念的是國際關係，當兵時曾經被派到伊拉克作後勤支援，在巴拿馬工作過數年，最後轉換跑道成了位自由攝影師，他計畫回國後，將這一年所拍攝的照片與文字出版。我們年紀相仿，都不是本科系出身的攝影師，而彼此旅程的第一站也是古巴。古巴這國家開啟我們之間的話匣子，聊完古巴，Bok 接著說他在玻利維亞時有去參加我很感興趣的 The Death Road 自行車之旅。我問他經驗如何？對於沒能嘗試我一直心頭感到有

些遺憾。「風景很美，一路下坡也不需要體力，但所謂的『Death Road』只是宣傳的噱頭，對於自行車來說算是安全的路段。」只不過一個下坡的煞車使他連人帶相機重摔倒地，他說到此有些無奈。拿出那顆已摔斷的鏡頭給我看，「記憶卡沒事吧？」我當下的回應不是關心他的身體或相機壞，而是詢問那張儲存照片的記憶卡。對我來說，記憶卡的重要性可能更勝於護照。我們最後說，若哪天有機會將自己的作品出版了，必會寄一本給對方，就看這目標誰先達成了。

告別 Bok 後，離開青年旅館搭車前往 Iruya。Iruya 屬於 Salta 省，不是個熱門景點，但耳聞十分美麗，所以打算去住個兩天。路途前三分之一還是柏油路，接著就進入泥土路，此時玻利維亞的公路顛簸經驗再度憶起。公車後頭揚著黃沙，道路蜿蜒於山區中，最後沿著一條幾近乾涸的河谷抵達 Iruya。小小的城鎮依山而建，一座吊橋連接兩岸，處處可見山壁被雨水向下沖蝕出一條條的大凹槽。

這樣一個前不著村後不著店的河谷小鎮，有種與世隔絕感，像似躲進了一個世外桃花源。英文在這裡不通，但是村民總是帶著笑容，向我溫暖打招呼。不用擔心治安，不需煩惱下一站該往哪，旅途上緊繃的神經在此全然放鬆，使我短暫卻忘卻身在異鄉的事實。

第二天發呆了一整個上午，終於決定出去運動運動。昨天想沿著河谷走到下一個村落，發現太遠而作罷。今天換個路線，走過吊橋來到村子另一頭，順著陡峭的山坡路往上行走。房屋落在視野下方，路徑也越來越難走，看來這是屬於牧羊人的小徑，幾隻羊在山壁上輕快跳躍地吃草，但我必須小心翼翼的踏著碎石往上爬，以免失足。

當我終於抵達山頂，拿出腳架打算好好拍些照片時，此時附近山頭的雲層響起轟隆雷聲，聽那聲勢應該離我不遠。在這沒有樹木的空曠山頭，我的金屬腳架似乎是個最佳引雷針。想到這點，暗覺得不妙，收起腳架就往山下走。隨著雷聲越來越近，我的腳步也越來越快，最後幾乎是一路狂奔下山。終於安全回到村落，運動量已經足夠，此時斗大的雨滴也開始落下，將乾燥的大地潑了一身濕。

Purmamarca

七種顏色的山

進到阿根廷西北高原多日，天氣不是陰霾就是下雨。名列聯合國教科文組織世界遺產的 Humahuaca 峽谷，少了陽光的潤飾，就像是素顏示人的明星，雖然五官精緻，但是少了些許光彩。我只能從那些商店販售的美麗明信片裡，想像粉墨登場後的峽谷壯麗風光。但此刻窗外天空一片雲都沒有，街道灑著燦爛陽光，終於有好天氣了。早餐的咖啡被我大口大口的迅速灌光，我已經迫不及待想出去曬曬太陽。

爬上一處山坡，這裡可以清楚一覽 Purmamarca 鎮旁的七種顏色的山。入口處有當地人跟我收 3 披索通行費，坡頂已經有數人先早我一步，在陽光的照耀下，山脈各種層次的顏色清晰可辨。在阿根廷西北高原有許多類似山脈，Purmamarca 這座不是最美，但是因為最易到達，所以知名度也較高。離開山坡後回到青年旅館，收拾行李出門，原本冷清的街道已湧進大量人潮，大夥都是要來看這座七色山的。在街上找到一臺去 Salinas Grandes（鹽原）的共乘車，雖然在 Uyuni 已

經看過世界最大的鹽湖，但是對於阿根廷境內最大的鹽原仍然有著好奇心。但司機還要湊到其他三位乘客才願意開車，我便利用這個空檔，去附近尋找黑市換錢。在阿根廷以美金換披索，黑市的匯率比較好，官方價與黑市的價格可以差距到 1.5 倍。但要如何找到黑市？其實很簡單，只要在街上隨意找一間作觀光客生意的店家，進去詢問能否換錢即可。由於黑市是違法交易，因此對方通常不會正面回答，但他會拿出計算機，敲出他能給你的匯率。可以接受就換，不能接受就去找下一家詢問。

　　在換得一個不錯的匯率回到車子後，司機只拉到一對老夫婦，但我們三人倒也接受分攤一人 160 披索的車資。夫婦是一對已經退休，定居在巴拿馬的美國人。他們知道我來自臺灣後，好奇地問我最近香港佔中的事情，他們從電視新聞上看到這個事件。我也只是片段從網路知曉大概，並不清楚詳細情況，於是回答說雖然大多臺灣人支持著香港人這次的行動，但是我並不樂觀中國政府會正視香港人想要真普選的要求。

　　車子從 Purmamarca 出發後，沿 52 號公路往海拔 3500 公尺的 Salinas Grandes 前進。這段公路的最高點 4170 米，沿路都可以見到駱馬以及 Vicuña。車子在山谷間蜿蜒前進，路途景色秀美，處處都是一幅動人的風景畫。多虧了這天氣，今日終於讓我領教到西北高原的美。

Salta

Cachi
——此路不通

「Where are you from?」坐在對面的哥倫比亞女孩問我。她不曉得臺灣在哪,但立刻用手機 google 了資料,也請我指出臺灣的地理位置給她看。接著她問我聽過她的國家嗎?我笑著跟她說,在臺灣有關哥倫比亞的新聞都是毒品與搶劫之類的事,她翻了白眼說:「壞事總是傳千里。」她強調那只是她們國家一小部分的狀況,哥倫比亞是個擁有美麗山脈、森林、海洋,以及更多善良人民的國家。

「臺灣美嗎?」她接著問。
這個問題我倒是有點難以回答,我不曉得她對於「美」的界定為何。
「是個一大群個性和善的人,擠在一個小島上的國家。」我只好這麼回答。
「哪天我會親自去臺灣看看。」
「你也該來哥倫比亞,順便糾正你的錯誤印象」她又補充說。

薩爾塔是阿根廷西北高原最大的城市,但星期日街上,大部分商店都休息。這裡白天溫暖,只須穿著短袖即可。這溫度讓我想潛水,懷念起被海水包圍的感覺。這裡的人種構成明顯改變,像秘魯、玻利維亞那樣的原住民臉孔幾乎已看不到,取而代之的是膚色較白的歐裔人種。皮膚散發健康美氣息的阿根廷女人,有著精緻臉孔與勻稱身材——我的目光總是被她們吸引。

雖然薩爾塔舒服乾淨,但是我對大城市一向興趣不大,停留兩晚主要是趁機補給食物與盥洗衣服。身上的衣服已經穿了三天,非常需要洗衣店。薩爾塔產啤酒,加上臨近葡萄酒產地,所以到處可見酒類產品。傍晚時走到有

創意市集與許多咖啡廳的 Balcarce 街，其中一間叫「café del tiempo」（咖啡時光）的咖啡廳，名字很簡單卻很美。已經許久沒有喝到好咖啡的我，著實想進去點杯咖啡來解饞，但擔心晚上不好入睡，猶豫再三還是作罷回背包客棧啜飲啤酒。

　　離開薩爾塔，搭上一天兩班的巴士前往西南方 150 公里偏遠山區的 Cachi 時。抵達時已經半夜，走在燈火熄滅的街上，差點以為找不到旅館，幸好一間仍在營業的餐廳附有住宿空間，才免於在廣場上過夜的窘境。在 Cachi 只待了一晚，就要繼續前往下一個城鎮 Molinos。從大城薩爾塔到 Cafayate，我捨棄了走快速便捷的 68 號公路，卻選擇這條大眾運輸匱乏的路線，只因為聽聞從 Cachi 到 Cafayate 這一段 175 公里的路途極美。雖然沒有公車可搭，但是我可以搭便車吧，電視上都是這麼演的。

　　懷抱著信心走到路旁等車。天氣很好，在樹蔭下乘涼，聽著鳥鳴聲，遠方馬匹在溪流吃著草，一切似乎很愜意。但，三個小時過去，我的臉上沾滿風沙，卻仍然沒成功攔到往 Molinos 的車。這裡的車流太少，願意停下來的車更沒幾輛，僥倖攔到的車都是要到附近的當地人。我開始說服自己因為我不是年輕的女孩，所以沒有人願意停下來載我。再試了一陣子，徹底死心了，喪氣地扛起背包返回鎮上。看來還是得回到薩爾塔，走 68 號公路了。但明天才有車子回薩爾塔，我等於白白浪費了一天，旅行時間已經越來越吃緊。

　　把背包放回今早退房的旅館後，登上鎮旁一處可眺望整片山谷的高點。山頂有一個墓園，我大膽地推開柵欄，走入墓園內。墓地大大小小不一，葬得有些凌亂，但金黃色的陽光斜灑在墓碑上，倒有股靜謐的祥和感。旅途的終點不是目的，旅途本身才是。雖然選錯了路，但是也看見了意外的風景。

Cafayate

可樂還是礦泉水

巴士離開 Cafayate 後，道路兩旁的景色沒多久就從綠油油的葡萄園轉為乾燥的紅色峽谷。這片可以追溯到 200 百萬年前的紅色大地，裡頭藏有許多化石，有如一部豐富的地質歷史文本。

「Garganta del Diablo~」巴士司機大喊著。

大概是怕我這外國人不知道該下車，這次他的聲音特別宏亮。步下巴士，正午陽光刺得眼睛難以張開。我將單車從車底行李艙搬出，牽到附近的樹蔭下，躲避著太陽，也將思緒整理一下。「Garganta del Diablo」為惡魔的咽喉之意，是 Cafayate 峽谷中一處地貌景觀名稱。百萬年來流水在這沉積岩切割出裂縫，而內部石壁上那一道道紋理，就像是咽喉內的組織皺摺。

看著巴士離去，我心想，接下來真的要靠自己的雙腳踩回 Cafayate 鎮上了。帶著單車坐上往 Salta 的巴士，然後在這裡下車，再一路騎回 50 公里外的 Cafayate，飽覽峽谷風光，想停在哪就停在哪。這個單車體驗方式，是我在 Cachi 遇到的一對澳洲夫婦告訴我的。我沒有單車長途騎行的經驗，但是心想那對夫婦都可以完成，我應該也沒問題才對。不過，相對於體力，我更擔心的是我的屁股……昨日為了替今天的行程暖身，已經許久沒騎單車的我，騎著租來的單車離開 Cafayate 往南邊前進。大概是沿途葡萄園風光過於明媚，讓我忽略了偏硬的單車坐墊會造成的可能後果。抵達 16 公里外的小村落 Tolobon 後，稍作休息。往回折返時，即感覺到兩股之間傳來的不適感。我以為經過一晚的休息，不適感就會消失無礙。但是今早我一坐上單車，那疼痛的感覺反而更加強烈了。

頂著豔陽開始在峽谷間騎行。除了我，還有另一對法國情侶也來騎這個路線。但沒多久，就看見他們停在路邊。女生坐在地上臉色蒼白。法國男生朝正在拍照的我走過來，詢問我有沒有糖果，猜想女生應該是血糖過低。我拿出背包內的香蕉與巧克力給他，有些訝異他們竟然沒攜帶任何補給品，也擔心那女生能不能騎完全程。

沿著 68 號公路，las Conchas 河在一旁，放眼望去盡是紅色的地表。路上車輛不多，大部分的時間四周是安靜的，天氣熱得連鳥都去休息了吧。與自己相伴的，只有鏈條帶動輪子與輪胎磨地的沙沙聲，「轟轟轟」、「唰唰唰」的在黑色公路上陪我。通常我會戴著耳機，聽著喜愛的音樂，但這次沒有。因為戴上耳機，某方面來說也就是阻斷了與周遭環境的連結，音樂將自己隔離在獨我的空間中。我想要徹底感受這裡的一切，熱度、聲響、光線、甚至是痠痛。

路途上大致是平地或下坡，當然也有一些上坡要挑戰，但都熬得過去。很快地，我就發現攜帶的水已經不夠，我太小看頭頂的烈日了。除此之外，屁股也已經疼到無法坐在椅墊上，只能採取站姿騎車。此時還沒完成 1／2 的路程，開始擔心自己能不能騎完，但唯一能做的，就是繼續踩著踏板，一公尺一公尺地前進。

　　汗流浹背、口乾舌燥，但是瓶底那最後一口水仍然忍著不喝。右大腿感覺要抽筋時，趕緊停下來再度休息。拿出在秘魯買的 Coca 葉，塞了幾片進嘴裡，希望能提振一下精神。按摩著大腿，我已經開始想念送給法國女孩的那根香蕉。

　　就在我開始思考下峽谷取水的可能性時，終於見到了一棟民房。他們有販售礦泉水！但是一進到屋內，我發覺冰箱上的可樂更加吸引我。慾望還是大於理智，一口氣將可樂灌了快半瓶時，我才拿起礦泉水，在已經填滿可樂的胃裡，勉強再飲入幾口水。雖然解決一大難關，但是旅途仍未完成。

　　再撐了一段路，終於離開峽谷，回到平原地，離 Cafayate 已經不遠。但是這一段路程卻更難熬，腳力已經耗盡，但卻必須以站姿騎車，處於長時間緊繃無法休息的大腿，已經抽筋數次。現在每騎一會兒，就必須停車休息按摩，免得大腿再次抽筋。

　　最後花了四個半小時，總算是回到了 Cafayate，那對法國情侶也在不久後抵達。沖過澡洗去一身髒臭，舒坦的在青年旅館門口坐著，午後的涼風吹拂著清爽的肌膚，心裡洋溢著運動完的幸福感，一直這樣坐著好像也不錯。

計程車驚魂記

　　從阿根廷 Cafayate 搭了兩天車，翻過安地斯山脈來到智利，1500 公里的長途奔波，此時身心疲憊，只想直奔旅館好好休息。但是這會兒我在聖地牙哥的巴士站，走來走去，試了幾台提款機，就是找不到可以領出錢的提款機。據聞南美提款機側錄盜領嚴重，尤其是巴士站這類地方，想到這點讓我疲憊的身心更緊張。終於，領出錢了，但該去哪搭計程車卻摸不著頭緒。

　　背著大行囊，口袋裡一疊熱騰騰的現金，人潮熙攘往來。一想到車站也是扒手宵小最常出沒的地點，就覺得自己已經被暗處的眼睛注目著。不自覺的往車站外移動，人潮少一點會讓我壓力小一些。才走到外頭，一位男士（Ａ男）即過來問我是不是要搭計程車，看了我筆記本上的地點，直說沒問題就半強迫地把我帶到另一輛單獨停在車站旁的黑底黃頂汽車旁。車旁站著一位年紀約二十初頭的年輕司機。在南美搭車，攬客者與司機是不同人很常見，我不太在意。但我第一次到智利，還不曉得這裡的計程車長怎麼樣。在夜色裡，努力地找尋街上其他計程車，想確定塗裝與這輛相同。Ａ男似乎看出我不放心，跟我強調這是輛有登記的計程車，指了車內營業登記證與跳錶證明他所言不假。我看到車內的確有跳錶與登記證，而塗裝看來也與其他計程車無異，心中的疑慮減去大半。原本打算將所有行李一起帶上後座，我習慣行李盡量隨身，但他們打開後車廂，要我把行李放後車廂就好，Ａ男要我不用擔心行李會不見。我把大背包與腳架放進後車廂，但是最重要的隨身背包還是帶在身旁。

　　坐進車內後，沒想到除了司機，Ａ男也坐進副駕駛座，我心內覺得不對勁，但計程車已經開動。年輕司機不會說英文，Ａ男則一直與我說話介紹沿

途景點，似乎過份的熱情，像是刻意要製造出一種輕鬆、友善的氛圍。我敷衍回應著，注視著窗外的街道，想與腦中那記憶模糊的地圖比對，確認司機是開往正確的方向。或許他只是個專門攬客，並且藉此要小費的人，我心裡如此希望。

　　接著，A男問：剛才我在車站內有沒有領錢、領了多少錢、夠不夠付車資等，然後指了車上的跳錶說，計程車車資較貴，如果我身上錢不夠可以先載我去領錢。這番話讓我體內的警報器大作，我看那跳錶上頭的數字也不對勁，騙他說我剛到智利身上沒什麼錢，但是我訂的旅館可以換錢，到旅館後我就有足夠的錢付車資了。也不知道這番臨時編出來的謊言他信不信，但摸著鼓鼓的口袋，如果讓他知道我才從ATM領了20萬智利幣出來，或者付錢時掏出這一大疊鈔票，恐怕他們會對我做出不利舉動。進了一台賊車，現在最重要的是如何安全下車，所以我沒點破任何事。

幸好，計程車最後真的把我載到旅館，但是司機沒有停在門口，而是再往前開了十多公尺停在路邊。這個舉動讓人覺得不妙，我趕緊開門下車，先跟他們保持距離再說。Ａ男看見我突然下車變得很緊張，也跟著下車問我要幹嘛。我告訴他，我去旅館換個錢就回來，請他們稍等我一下。放在後車廂的行李也暫時先不拿，讓他們以為我什麼都沒察覺。他們兩個人，我一個人，情勢對我不利，不宜發生任何衝突，要趕緊去找旅館的人出來幫忙。但是當我轉身走向旅館，按下電鈴再回頭時，計程車已經消失無影，連同放在後車廂的大背包也一併載走了。

　　我有些不敢置信，因為我的隨身背包一直不離身，他們應該也知道真正值錢的東西在隨身背包裡。但或許是心虛事跡敗露，所以偷雞不著蝕把米，車資也不討了，載著後車廂的大背包趕緊逃之夭夭。雖然大背包裡不過是一堆髒衣服，以及一些紀念品。重要值錢的東西，如護照、金錢、相機、電腦……等重要東西都沒丟，可以算是十分幸運。但我明天就要搭飛機到智利南邊 Punta Arenas，而我只剩下身上這一套衣服，這下可困擾了。

　　旅館的人證實了那台計程車的車資是正常車資的九倍，他們試圖幫我打電話報警，但警局電話卻一直忙線中。我也真的累了，明天睡醒再說吧。旅館主動將我預訂的八人混合房床位升等成單人房，以彌補我的心情，但無論是哪種房型對我都沒差，因為我一碰到床就立刻睡著。

　　早上醒來，回到昨晚的案發現場，查看附近有沒有監視器，也重新整理思緒。旅途一路上我都小心翼翼，因為我已經聽過太多旅行者的慘痛經驗，但沒想到這次輪到我。智利應該是南美國家中治安最好的，當其他的智利人或背包客聽到我的遭遇，總是無法置信地說：「這件事應該發生在秘魯、玻利維亞甚至阿根廷，怎麼會發生在聖地牙哥？」但它就是發生了。

　　雖然昨晚看似機警地逃過一劫，但也不免想如果我就傻傻的當肥羊，付那近 90 美金的車資，大背包是否也就不會被載走。因為沒了大背包裡面的衣服，我必須花遠高於 90 美金的金錢去補足接下來所需要的衣物。還是說，一開始不要因為疲憊而放鬆警戒上那台計程車就沒事了。但或許，一切都只是選擇與機緣，既然遇上了，就趕緊整理好心情繼續往前走吧。

　　雖吃了一次智利計程車的大虧，但在百貨公司添購完衣服後，又搭了一次計程車。這次我在招呼站攔計程車回旅館，付車資時，我將 10000 元的鈔票誤認 1000 元付給司機，但這位司機誠實的將錢退還給我，並且秀出這兩種鈔票，提醒著我 10000 與 1000 元鈔票的不同。與昨晚的搭車經驗相比，真是天與地。

　　飛機從聖地牙哥起飛，來到南端的 Punta Arenas。走出機場大門，眼前迎面飄來陣陣雪花。「來到雪國了，開心點吧。」我對自己說。

El Chaltén

健行者的天堂
—— El Chaltén

　　又回到了阿根廷，從智利 Puerto Natales 乘車跨過邊境。抵達 El Calafate 後，再換車繼續往 El Chaltén 前進。500 公里的路途，在廣闊的國度並不算遠，但也耗費我一整天的時間。車窗外，遠方地平線出現一列山脈，Fitz Roy 峰也在其中，那特別的山峰形狀，讓人一看就知。此處山勢險峻陡峭、氣候多變，常年籠罩在雲霧之中，當地的特維爾切人（Tehuelche）稱其為「Chaltén」，意思是「冒煙的山」。在夕陽餘暉下，山脈顯得神秘且迷人。看到 Fitz Roy 峰，這也意味著，El Chaltén 鎮在不遠方了——這個 1985 年才建立，阿根廷國度裡最年輕的城鎮。

　　早晨醒來發現天空布滿烏雲，藏住了我所期待的藍天。El Chaltén 是健行者的天堂，但我對此地的所知也僅只於此，旅途上所依靠的旅遊指南《Lonely Planét》已經在聖地牙哥隨著大背包遠去，還沒來得及翻到 El Chaltén 那一頁。看著旅遊服務中心給我的地圖，決定好今天的路線，做好待會山區可能會下雨的心理準備，便開始出發健行去。

　　雖然一個人獨自入山，但是地上小徑指示清楚，沿途有指標，倒也不用擔心迷失方向。欣賞著路上景色，爬上山坡、跳過小溪、穿越樹林、踏上雪地，漸漸進入一種思緒寧靜卻又不受控制的狀態。重複著機械性的步伐，像是一個泵浦，把許多記憶都打上來，小時候最喜歡的卡通、父親過世時的場景、在澳洲開車因為睡著而衝出高速公路……，有些記憶片段早已遺忘，卻在此時湧出。

　　我知道 Laguna Torre 是座湖，但也僅此而已。因此在翻過最後一個山丘，看見那湖面的浮冰以及遠方的冰川，完全不在我預想中，是一個大大的驚喜。原來 Laguna Torre 是由 Cerro Torre 上面的冰川流下注入形成的湖。而海拔3102 公尺的 Cerro Torre，峰頂被雲霧覆蓋著，像是頭頂戴上白紗的新娘，看不到廬山真面目。拿出背包內的食物，邊享用中餐邊看著湖面發呆，冰川低沉清脆的崩解聲偶爾從那頭傳來。休息結束，打算動身繼續前往另外一個湖泊，但此時山上的天氣開始轉好，峰頂的雲霧逐漸消逝。在離開的路上，我頻頻回頭瞧，心想會不會待會 Cerro Torre 就露出她的面容了，最終還是決定折返。

　　回到 Luguna Torre，沿著湖邊的路徑，一直走到最接近冰川的地方。此刻周遭只有我一人，選了一塊大石頭躺下。大地靜默，聽著清脆低沉的冰川崩解聲，也意外看到一場雪崩。雖然到最後我仍然遲遲等不到白紗掀起，但已然滿足。

　　隔天選擇另一條來回八小時的路線，看見 Piedras Blancas 肥厚的冰川像是牙膏般的從兩座山中擠出來，但是當我挑戰完那最後一小時的陡坡時，以為可以看到壯麗景色時，迎接我的卻是一片雪白的世界。Fitz Roy 在對面，如同它的稱號「冒煙的山」，整座山被濃厚白煙覆蓋著，我只能看見幾近垂直的山腰。雖然 Fitz Roy 海拔才 3405 公尺，但因為困難的攀登條件，使得它成為世界上最難攀爬的山峰之一。

　　兩天的健行天氣都不太好，心底因為沒有看到最美的 El Chaltén 而惋惜，覺得有些缺憾。在巴士離開 El Chaltén 往 Calafate 的路上，黃昏的夕陽又將逐漸遠去的 Fitz Roy 等山脈照得炫目美麗，車上的人紛紛拿出相機。看著他們，我這時心裡忽然驚覺，其實不是 El Chaltén 這兩天不美，而是我心裡已有刻板印象認為該是怎樣才美，反而阻礙了我開放地去欣賞各種形式的美麗。

Parque Nacional Los Glaciares

冰川健行之旅

　　我回到了蘭嶼找達卡安，他是我在當地一位達悟族的朋友。此時部落正在進行慶典，慶祝今年飛魚大豐收。柴火燃燒著，火光映照出一張張紅色的笑臉，達卡安也興高采烈地在火堆旁跳著舞，他說這是他們的慶祝方式。入境隨俗，我也下場去與達卡安尬起舞。我試著回想在古巴學到的 Salsa 舞步，使勁地扭著屁股，不甘示弱……。

　　黑暗中，我醒來了，離開這場奇怪的夢，發現自己其實躺在一間距離蘭嶼半個地球遠的青年旅館中，某個房間的上層床位。此時睡在下層床位的雅尼克也醒了，心內暗道糟糕，該不會是剛才在夢境中使勁地扭屁股，卻在現實中把他給搖醒了。但手錶顯示早上六點鐘，鬆了一口氣。他應該只是剛好起床，準備參加今天的 Big Ice 冰川健行，而我才是被他吵醒的人。不過我也該起床了，因為我也參加了同一個行程。

　　雅尼克是我旅途上遇到第三位要花一年時間旅行世界的年輕人，身材高大、自信笑容，能說數種語言，帶著一頭散亂的金髮。我承認每當看到這樣的西方背包客時，內心總會湧出些自卑感，羨慕他們的放蕩不羈。而看到他貼滿各國徽章的背包，總會讓我懷念起那遭搶的大背包。

　　阿根廷湖由大大小小一百多條冰川注入，是阿根廷境內最大湖泊。從湖岸南側的 El Calafate 往西出發，半小時後進入冰川國家公園，接著就見到壯觀的 Perito Moreno 冰川，將阿根廷湖分隔成南北兩個部分。在湖岸邊就可以近距離地欣賞這大自然的奇景。冰舌在眼前崩解落入湖水，撼天動地的聲勢也使得心跳跟著砰砰加速。

　　近距離看完冰川之後，我們就搭船渡湖，到另一側準備親身攀爬冰川。咖啡色的登山鞋套上冰爪，像是踩上一雙大蜘蛛，腳步也有些笨重。但想在冰川上行走，沒有這些爪子可不行。天氣異常的晴朗，無風無雲，「這可不是巴塔哥尼亞冰原正常的天氣。」嚮導是位五十多歲的阿根廷人，他說我們運氣極佳，這種好天氣並不常有。但他也說這冰川以每年3%的速度消失著，所以可能在30年後，冰川就會完全消失。

　　大夥排成一路縱隊，跟著前方的嚮導前進。本以為冰川表面該是光滑的，或者積著深雪，但這冰川的表面卻是布滿尖銳的小碎冰，走起來倒像是踩在滿地是冰糖的丘陵上。我們帶著手套，與其說是保溫，真正的目的卻是避免手掌被尖銳的碎冰劃傷流血。「你會大量流血並且立即死亡。」帶隊的嚮導總是開玩笑地警告我們。

冰川靠近陸地的兩側是和緩的丘陵地形，中央則是一根根的巨大冰柱體，這是因為流速不同，冰川擠壓力量有所不同而造成的。但不管是冰川兩側或是中間，都只有一天數公尺甚至幾公分的流速而已。腳下的冰，都是上百年前遠方山頭上的積雪，我們踏著緩緩流動的時光上。

冰川上有流水、有洞穴，更有著許多裂縫。深不見底的裂縫，看了真是叫人名副其實的腳底發寒。一不小心失足掉下去，冰封終年，可能得隨冰川緩步流動，直到數百年後，與冰舌一同崩落在湖中才會被後人發現。但，冰川正在消失中，或許只需 30 年就可以重見天日也說不定。

整趟行程 12 小時，而實際在冰川上行走約四到五小時，這一場冰川健行的費用要價新台幣 5000 元，對我而言不算便宜。但是當我一踏上冰川時，它的美就讓我把金錢數字拋在腦後了。在冰川上人如螻蟻一般，對於大自然除了驚嘆，也敬畏著。在歸途的船上，冰川健行公司準備了加上冰川冰塊的威士忌給每位旅客，有沒有比較好喝我分辨不出，但的確是一個美好句點。

結束冰川健行，隔天又趕回智利的 Punta Arenas 搭機。在飛往 Puerto Montt 的班機上，機長的艙內廣播，引起乘客一陣小騷動，紛紛往窗外看。雖然沒聽懂內容，但我也跟著往外一瞧。原來是飛機正在巴塔哥尼亞冰原地區的上空，良好的天氣讓我們可以一覽底下智利與阿根廷兩國的冰原景色。先看到了智利的百內國家公園，接著也瞧見了昨天攀爬的 Perito Moreno 冰川，以及稍北更壯觀的 Upsala 冰川。夕陽染了大氣一層黃光，讓這景色更不真切。最後，我也找到了 Torre 峰與 Fitz Roy 峰，頭上的白紗終於掀起，因陡峭而沒有積雪，山峰在白色山脈群中十分顯眼。

Valparaiso

塗鴉之城、
竊盜之都

逃離了濕冷的 Puerto Montt，在和煦的暖陽中抵達旅途的最後一站——瓦爾帕萊索（Valparaiso）。在太平洋與大西洋間的海運還是藉由南美南端的麥哲倫海峽連接時，瓦爾帕萊索是這條海運航線上的重要補給港口。但是隨著巴拿馬運河開通，此處的黃金時代也隨之結束，城市從富饒迅速走向凋零。但這座沒落的海港城市，依山傍海的景色，卻是智利詩人聶魯達（Pablo Neruda）最喜歡的城市之一。如今在山頂上可眺望整片港灣的聶魯達故居已經成為博物館，而瓦爾帕萊索舊城區也在 2003 年被聯合國教科文組織列為世界文化遺產。在被遺忘近一世紀後，現在這座城市又以不同的魅力成為世界的焦點，吸引各地的旅人慕名前來。

民宿老闆在我的地圖上作上許多註記，告訴我哪些地方可以去，以及哪些區域是安全的。因為瓦爾帕萊索與它美麗同樣齊名的是那相對治安不佳的名聲。竊盜、搶劫，常常是許多遊客在此獲得的深刻紀念品。畢竟我剛到智利的聖地牙哥就丟了大背包，所以來到這裡心情更是謹慎，我想在他註記以外的地方就盡量不要前往吧。

城鎮建築沿著山坡而建，走在街道上很難不聯想到九份。除此外，隨處可見的各種大小塗鴉繪畫，也是這城市一大特色。不論是牆面、階梯甚至窗戶，都成了藝術家揮灑創意的畫布。作品與環境結合，整座城市就像是一座大型戶外美術館。

在一間咖啡館點了杯拿鐵，隨後服務生端上來一個空咖啡杯，旁邊放著雀巢即溶黑咖啡與四包糖。我得要自己將咖啡粉與糖倒入杯內，服務生才會

　　來幫我加上熱水與牛奶。雀巢即溶咖啡在智利的平價咖啡館很常見，那味道是不提也罷，反正我只是來讓雙腳歇息一會兒。與整齊乾淨的聖地牙哥不同，這裡的街道瀰漫著舊時代的氛圍，角落好似藏著永遠掃不掉的記憶。我喜歡用腳步來閱讀一個地方，但是剛才在市區中心來來回回走上幾趟，卻一直讀不到吸引我的段落。

　　叮叮聲傳來，一臺綠黃電纜公車（Trolleybus）通過對面的街口。瓦爾帕萊索還保留著這種早期公車，街道上到處豎立著電線與電線桿，天空被錯綜複雜的線切成大大小小很多區塊。抬頭一看，好像自己被這城市困住了。電纜公車通過路口後，尚未收回的眼光看見後頭順著山坡上延伸的小巷，心裡有了主意。

　　闖進寂靜的巷弄裡，逃離喧鬧的交通聲，雖然爬上陡長的階梯讓我冒出斗大汗珠，但天空開闊了，心情也舒暢了。瓦爾帕萊索在今年四月發生一場大火，由於舊城區都是易燃的木造建築，加上街道狹窄陡峭，導致當時救災遇到相當大的困難，最後五百多戶民房遭到燒毀。我不知道燒毀的區域在哪，此時

在午後的山城裡，只感覺到悠閒放鬆，當時惡火威脅整座城市的情景已無法想像。不知不覺，發現自己已經走得有點深入，不曉得會不會已經進到了危險區域。想起在秘魯利馬遇見的一位韓國人，他在瓦爾帕萊索時，手中的相機被兩名年輕人硬生生搶去，連同裡面的回憶。他秀出當時因反抗留下的手臂擦傷說：「不要被那城市的美麗給誘惑迷失了。」眼裡隱約還有著不甘。

這是一座美麗、雜亂與危險混雜的城市，如果太過深入，可能隨時會被它潛藏的刺給刺傷。不過我這趟旅程的回憶都已經存在硬碟裡，證件也都留在民宿房間。懷裡的相機，被搶就被搶吧，我已經作好心理準備，在旅程的最後，似乎冒些險也無妨。但或許是知曉我已身無分文，也或許是同情我在聖地牙哥的遭遇，這座帶著刺的美麗城市最終是沒有扎上我。

最後一天的早晨頂著頭痛醒來，前一晚半瓶白酒讓我帶著些宿醉。坐在前往機場的車上，街景透過車窗成了一格格的影像，我試圖地用力記下每一張，但我也知道這終究只會是一道晃動、模糊的記憶罷了。放棄了原本的企圖，放空地看著、看著。感受時間在流逝，逐漸理解我將和這裡道別。

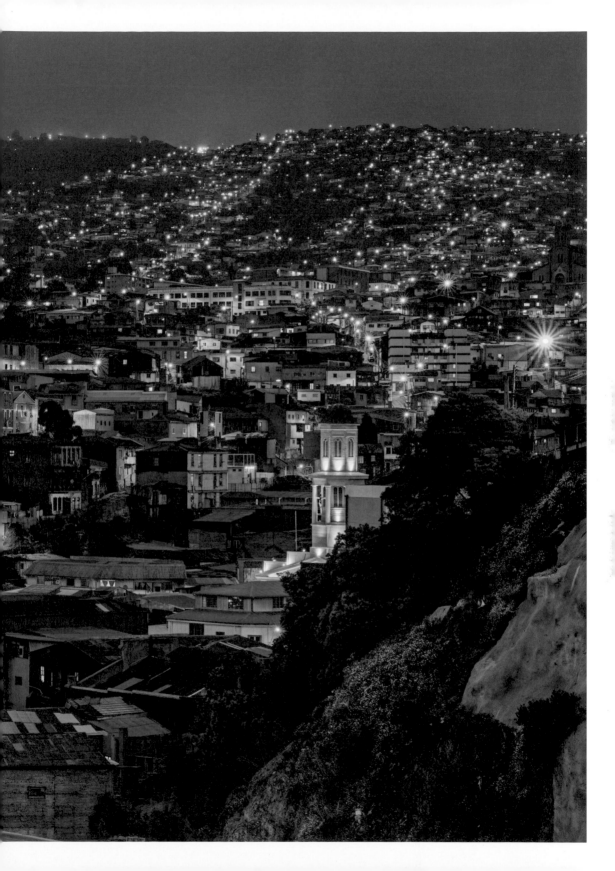

On the road

在路上

　　機輪在清晨四點多，輕吻上了桃園機場跑道。城市仍在睡，飛機在場內滑行，尋找自己的位置。透過窗戶，瞧見外頭一張發亮的大國旗，在夜色中閃閃發光。雖然內心覺得那燈光有些太俗艷，但嘴角仍不禁揚起笑容：終於回到主場了。

　　從智利回到臺灣，搭乘了兩班長途航班。在聖地牙哥往雪梨的班機上，身旁坐一位要到澳洲打工度假的巴西女孩。整趟飛行，她專心閱讀著一本澳洲遊記的書。對於入境卡填得小心翼翼，詢問著旁人，深怕一個小地方沒填好就入不了境，散發著甫出發者的興奮與緊張。而在雪梨往桃園的飛機上，座位旁則是一位剛結束澳洲打工度假，要到桃園轉機前去曼谷的荷蘭女孩。只是略微轉過身子，她就直接在座位上更換褲子，脫去上衣換成睡衣，俐落大方，絲毫不把我放在心上。而我呢？也不知道我有沒有什麼改變，在旁人眼中又是什麼姿態。

　　離開臺灣近三個月，回到扁臉國的世界，似乎也沒有覺得需要重新適應的地方。淡水的家裡，什麼都沒變，只是桌子多了些灰塵。出門買了咖啡豆回來，磨豆子、煮水、打奶泡，雖然煮咖啡我只是個外行，但是這一杯的味道遠遠勝過我在中南美喝過的所有咖啡。

　　15,696 張照片，是這 80 天的記憶。

時光封塵・哈瓦那

作者	王文彥
美術設計	賴佳韋工作室
設計協力	林芳曲、蔡尚儒
文字編輯	紀瑀瑄
校對	邱怡慈
執行編輯	葛雅茜
行銷企劃	郭其彬、王綬晨、陳雅雯、邱紹溢、 張瓊瑜、蔡瑋玲、余一霞
總編輯	葛雅茜
發行人	蘇拾平

出版	原點出版 Uni-Books Facebook ／ Uni-Books 原點出版 Emai ／ uni-books@andbooks.com.tw 台北市 105 松山區復興北路 333 號 11 樓之 4 電話／ 02-2718-2001　傳真／ 02-2718-1258
發行	大雁文化事業股份有限公司 台北市 105 松山區復興北路 333 號 11 樓之 4 24 小時傳真服務／（02）2718-1258 讀者服務信箱 Email ／ andbooks@andbooks.com.tw 劃撥帳號／ 19983379 戶名／大雁文化事業股份有限公司
初版一刷	2016 年 10 月　　初版二刷　　2018 年 5 月
定價	420 元

ISBN 978-986-5657-86-4

版權所有・翻印必究（Printed in Taiwan）

ALL RIGHTS RESERVED

缺頁或破損請寄回更換

大雁出版基地官網：www.andbooks.com.tw

（歡迎訂閱電子報並填寫回函卡）

國家圖書館出版品預行編目 (CIP) 資料

時光封塵・哈瓦那

／王文彥著 . -- 初版 . -- 臺北市：原點出版：大雁文化發行, 2016.10

272 面；17*23 公分

ISBN 978-986-5657-86-4(平裝)

1. 遊記 2. 拉丁美洲

754.8　　　105017535